中文社会科学引文索引（CSSCI）来源集刊

当代会计评论

Contemporary Accounting Review

2021年
第14卷第1辑
（总第33辑）
Volume14 Number1 2021

教育部人文社会科学重点研究基地厦门大学会计发展研究中心 主办
厦门大学管理学院会计学系　厦门大学财务管理与会计研究院 协办

科学出版社
北　京

内 容 简 介

本辑制度描述与文献回顾部分的文献包括非标准审计意见：规则演进、市场状况与存在问题；研究论文部分包括五篇原创性研究论文，分别涉及：内控彰显价值，管理层定性信息披露与会计信息市场反应，服务主导逻辑理念下的制造业费用结构及其演化趋势，科技创新对客户集中度和商业信用模式的影响，企业异质性、环保补贴与企业绿色投资等。

本刊以发表原创性文章（研究方法不限）与综述性文章为主，反映学科前沿和应用研究的最新进展，适于从事本学科学术研究的人员阅读，可作为本学科博士研究生、硕士研究生教学内容，也适合会计准则制定者和证券监管者参考。

图书在版编目（CIP）数据

当代会计评论. 第14卷. 第1辑：总第33辑/教育部人文社会科学重点研究基地厦门大学会计发展研究中心主办；厦门大学管理学院会计学系，厦门大学财务管理与会计研究院协办. —北京：科学出版社，2021.8

ISBN 978-7-03-070640-9

Ⅰ. ①当…　Ⅱ. ①教…　②厦…　③厦…　Ⅲ. ①会计学–丛刊　Ⅳ. ①F230-55

中国版本图书馆CIP数据核字（2021）第229342号

责任编辑：陶　璇 / 责任校对：贾娜娜
责任印制：张　伟 / 封面设计：无极书装

科 学 出 版 社 出版
北京东黄城根北街16号
邮政编码：100717
http://www.sciencep.com
北京虎彩文化传播有限公司 印刷
科学出版社发行　各地新华书店经销
*
2021年8月第　一　版　开本：787×1092　1/16
2021年8月第一次印刷　印张：8　插页：1
字数：188 000

定价：128.00元

（如有印装质量问题，我社负责调换）

当代会计评论
第14卷第1辑
2021年

Contemporary Accounting Review
Vol.14 No.1
2021

目　　录

论文

当代会计评论
第14卷第1辑
2021年

Contemporary Accounting Review
Vol.14 No.1
2021

CONTENTS

Articles

当代会计评论 Contemporary Accounting Review
第14卷第1辑 Vol.14 No.1
2021年 2021

非标准审计意见：规则演进、市场状况与存在问题*

林勇峰[1]　王玲玲[1]　白智奇[2]
（1. 上海证券交易所，上海 200127；2. 复旦大学管理学院，上海 200433）

【摘要】 审计意见作为反映公司财务可信度、揭示财务风险的第三方独立意见，对提升上市公司财务信息质量起着至关重要的作用。本文首先对审计意见的经济含义和经济后果加以阐述；其次，梳理资本市场 30 年（1990~2020 年）以来，非标准审计意见相关审计准则和监管规则的变迁历史；再次，从整体数量、涉及事项、涉及金额和审计意见变更四个方面，深入分析 2017~2019 年非标准审计意见市场状况；最后，提炼出非标准审计意见现存问题并给出相关建议。

【关键词】 非标准审计意见　资本市场 30 年　规则演进　市场状况　存在问题

一、引　言

审计意见是注册会计师根据审计准则的规定，对被审计单位财务报表发表的专业意见。按照现行审计准则，审计意见可以分为无保留意见和非无保留意见，其中非无保留意见包括保留意见、无法表示意见和否定意见三类。按照中国证券监督管理委员会（简称中国证监会）《公开发行证券的公司信息披露编报规则第14号——非标准审计意见及其涉及事项的处理》，审计意见类型可分为标准无保留意见和非标准审计意见。其中，非标准审计意见除包括三类非无保留意见外，还包括带有解释性说明的无保留意见，如带强调事项段的无保留意见、与持续经营重大不确定性有关的无保留意见等（表1）。

---

* 林勇峰，会计监管部总监，博士，E-mail：yflin@sse.com.cn；王玲玲，资深经理，E-mail：linglwang@sse.com.cn；白智奇（通讯作者），博士，E-mail：bernie1990@163.com。本文受到中国博士后科学基金第 67 批面上项目“注册制下证券交易所财务审核及会计监管研究”（2020M671192）的资助。文章仅代表作者个人观点，与所在单位无关。

表1　审计意见类型分类情况

审计准则分类标准	审计意见类型	中国证监会分类标准
无保留意见	标准无保留意见	标准无保留意见
	带有解释性说明的无保留意见	非标准审计意见
非无保留意见	保留意见	
	无法表示意见	
	否定意见	

不同类别的审计意见类型反映出上市公司财务可信度的高低，揭示了公司财务风险程度。资本市场中，督促注册会计师发表恰当的审计意见，是发挥其“看门人”责任，提高上市公司财务信息质量的有效抓手，也是促进资本市场健康发展的重要途径。其中，非标准审计意见作为公司财务风险的表征，往往具有较为严重的经济后果，影响着资本市场的资源配置（陆正飞和童盼 2003，李莫愁等 2013），是监管重点关注领域。在投资者影响方面，韩丽荣和刘志洋（2017）研究发现，除非无保留意见外，投资者同样可以有效地感知带强调事项段的无保留意见传递的公司风险。鉴于此，本文首先阐述审计意见的基本内涵；其次，梳理资本市场30年来，相关规则的变迁历史和2017~2019年非标准审计意见状况；最后，提炼出非标准审计意见现存问题并给出相关建议。本文以期对审计执业规范和审计意见监管提供参考与借鉴。

二、审计意见的经济含义和经济后果

（一）审计意见的经济含义

注册会计师在形成审计意见时通常需要判断两个事项：一是被审计单位财务报表是否在所有重大方面按照适用的财务报告基础进行编制；二是财务报表能否公允地反映报告期内的相关交易和事项。

不同审计意见类型反映出注册会计师对被审计单位是否存在重大错报或风险的看法。其中，标准无保留意见表明注册会计师认为财务报表不存在重大错报并获取了合理保证，“公允反映”了被审计单位的财务情况。带有解释性说明的无保留意见，用于提醒财务报表使用者关注被审计单位的特殊事项或者理解财务报表的重要事项。保留意见、无法表示意见和否定意见，即非无保留意见意味着被审计单位的财务或经营风险较高，被审计单位的财务报表可能存在不同程度的重大错报。

（二）审计意见的经济后果

1. 审计意见对上市公司从事资本运作的影响

1）我国A股市场监管规则对审计意见的要求

我国A股市场现行监管规则对被出具非标准审计意见的上市公司的资本市场运作进行了一定程度的规范和限制，具体在IPO（initial public offering，首次公开募股）、再融资、重大资产重组、股权激励、退市及债券业务等方面对非标准审计意见的限制程度均有所不同①。

IPO方面，除科创板在发行条件中要求拟上市公司由注册会计师出具标准无保留意见的审计报告外，主板、创业板均要求出具无保留意见的审计报告即可。再融资方面，增发、配股、可转换债券、非公开发行等对审计意见的基本要求是标准无保留意见，对于带强调事项段的无保留意见，则允许在所涉及事项已无重大影响或已经消除的情况下申请。重大资产重组方面，对审计意见的要求更为宽松，基本要求为无保留意见，保留意见、否定意见和无法表示意见也在注册会计师出具专项报告，并确认所涉及事项已无重大影响或已经消除时允许申请。股权激励方面，仅对被出具无法表示意见或者否定意见的公司进行限制。退市方面，主要限制被出具无法表示意见或者否定意见的公司。2020年修订并发布的退市规则加大了对审计意见的要求，上市公司被实施退市风险警示后，下一会计年度被出具保留意见即终止上市。此外，债券业务方面，整体对非标准审计意见无特别限制，对于被出具非标准审计意见的发行人只要提交非标准审计意见所涉及事项的说明及相关补充意见即可。

表2为我国A股市场监管规则对审计意见的要求。

表2　我国A股市场监管规则对审计意见的要求

业务类型	审计报告意见类型要求
IPO	主板、创业板，无保留意见；科创板，标准无保留意见
再融资	标准无保留意见；带强调事项段的无保留意见应在所涉及事项已无重大影响或已消除
重大资产重组	无保留意见；保留意见、否定意见或者无法表示意见在所涉及事项已无重大影响或已经消除
股权激励	限制无法表示意见或者否定意见
退市	最近一个会计年度无法表示意见或否定意见，实施退市风险警示；下一会计年度被出具保留意见、无法表示意见或者否定意见，终止上市

2）境外主要资本市场监管规则对审计意见的要求

与我国A股市场基本一致，境外资本市场监管规则也均与审计意见类型相关联，但在具体条款上存在一定的差异。

美国方面，不管是IPO还是持续上市阶段，监管机构通常不接受无法表示意见或否定意见的审计报告，若出具保留意见，需要提前获得美国证券交易委员会金融部首席会计师办公室的豁免。对于存在导致发表非无保留意见的情形，注册会计师可以在相关事项消除前不出具审计报告；若上市公司未按期披露年报，证券交易所可暂停股票交易10个工作日，并进行相应调查，10个工作日后根据整改情况决定是否继续暂停交易或考虑

① 限于篇幅，IPO、再融资等监管规则对审计意见类型要求的汇总梳理未予展示，留存备索。

退市。英国方面，上市公司被出具无法表示意见或否定意见的审计报告，公司股票将暂停上市。实务中，美国、英国市场的上市公司在2018年度和2019年度均被出具无保留意见的审计报告。

中国香港方面，在IPO阶段，虽然上市规则未明确说明对审计意见的要求，但规定了香港交易及结算所有限公司（简称港交所）有权审核财务报表，实操中并不接受非无保留意见的审计报告，极少情况接受带有解释性说明的无保留意见。持续上市阶段，如果上市公司被出具无法表示意见或者否定意见的审计报告，则暂停交易；如果上市公司在发布业绩公告前已经解决导致无法表示意见或者否定意见的相关事项，则无须暂停交易。上市公司因审计意见被暂停上市，需停牌至涉及事项已解决，同时港交所设定补救期，主板为18个月、创业板为12个月，连续停牌至补救期满则发行人摘牌。

表3为境外主要资本市场监管规则对审计意见的要求。

表3 境外主要资本市场监管规则对审计意见的要求

地区	业务类型	审计报告意见类型要求
美国	IPO及持续上市	美国证券交易委员会不接受无法表示意见或者否定意见；如出具保留意见，需提前获得美国证券交易委员会金融部首席会计师办公室豁免
英国	持续上市	无法表示意见或否定意见，上市公司股票将暂停上市
中国香港	IPO	规则未明确对审计意见的要求；实操中不接受非无保留意见，极少接受带有解释性说明的无保留意见
	持续上市	无法表示意见或者否定意见，上市公司股票将暂停上市；停牌至涉及事项已解决/连续停牌至补救期满则摘牌

2. 审计意见对上市公司获取外部融资的影响

1）审计意见对投资者决策的影响

上市公司财务报表被出具的审计意见是投资者决策的重要依据，不同类型的审计意见往往反映出公司财务可信度的高低，揭示了公司财务风险程度，其最为直接的反映便是影响公司股价。国外关于审计意见对投资者的影响研究开展得较早，Firth（1978）研究发现，审计报告的披露会影响公司股票价格，保留意见会显著影响投资者的决策判断。后续的一系列相关研究进一步证实了上述观点，发现审计意见和上市公司股价之间具有明显的相关性，上市公司被出具保留意见后股价呈现出明显的下降效应（Dodd et al. 1984，Church 1996，O'Reilly et al. 2010）。在国内的相关研究方面，李增泉（1999）通过实证检验发现，与被出具标准无保留意见的公司相比，被出具非标准审计意见的上市公司在其年报公布前后存在不同的市场表现，证实审计意见会对投资者的决策判断产生重要影响。肖金锋（2013）基于1998~2011年上市公司数据的研究表明，非标准审计意见的披露对股价存在显著的负向影响，且其负效应在非标准审计意见公告前已渗透到公司股价中。赵保卿和郝亮（2015）进一步对比了2010~2012年A股、H股被出具非标准审计意见的上市公司的股价波动情况，发现H股非标准审计意见对投资者决策判断的影响比A股市场更为明显，即H股市场股价因非标准审计意见产生的负向波动更为显著。

2）审计意见对债权人决策的影响

审计意见通过信号传递机制，不仅影响投资者在资本市场的决策判断，同样影响债权人对公司偿债能力的考核，换言之，审计意见对公司直接融资和间接融资均存在较大影响。财务报告是债权人获取公司财务信息最为直接的方式之一，通过注册会计师独立发表的审计意见，债权人可以直观地了解到公司真实的财务状况，降低贷款人和债权人之间的信息不对称，减轻债权代理成本。Firth（1980）证实了审计意见显著影响着银行贷款决策和信贷分析师决策，尤其是与持续经营重大不确定性相关的审计意见，同时，非标准审计意见也会对公司的商业信誉产生损害。魏志华等（2012）发现审计意见影响公司的债务融资成本，被出具非标准审计意见的公司，其债务融资成本要显著高于标准无保留审计意见的公司。

综上所述，审计意见在上市公司自身资产运作、获取外部融资方面均具有显著的经济后果。在资本市场监管规则方面，IPO阶段我国与境外主要资本市场的审计意见监管规则并不存在重大差异；在持续上市监管方面，境外监管规则较我国更为严格，上市公司若被出具非标准审计意见，则可能面临着无法进行再融资、股权激励甚至退市的风险。在外部融资方面，审计意见对投资者和债权人的决策行为均会产生影响，被出具非标准审计意见的公司会出现股价负向波动、贷款利率升高的现象，即其直接融资和间接融资均受到明显影响。可见，审计意见作为对上市公司财务报表独立、专业、客观的评价结果，既是投资参考，也是监管依据，具有优化资本市场资源配置的作用。

三、非标准审计意见规则演进：资本市场30年

资本市场30年来，沪深两市非标准审计意见的比例呈“N”形分布。如图1所示，1998~2000年非标准审计意见比例处于高点，均在16%以上，1999年达到峰值20%。2001年起呈现回落趋势，2003年非标准审计意见比例自1997年后首次回落到10%以内，2012~2017年均在4%以下。2018年起非标准审计意见比例再次上涨至6%以上。30年来非标准审计意见的变化趋势与相关执业准则和监管规则的演进密不可分。

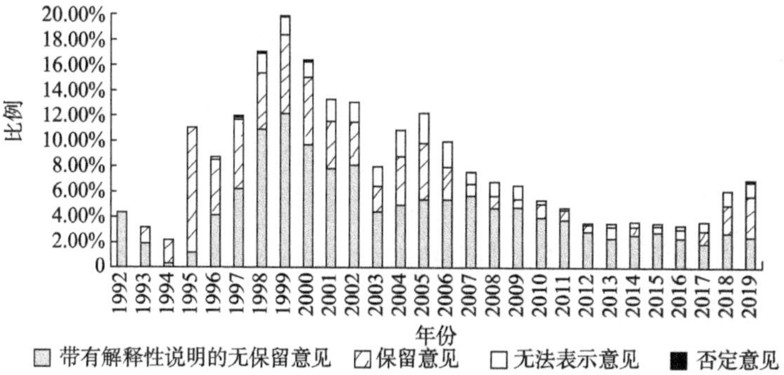

图1　30年来非标准审计意见比例统计

由于1992年之前的审计意见数据缺失，故统计区间为1992~2019年（本文数据统计到2019年，是指2019年年报审计意见，但实际披露日期为2020年）

资料来源：CSMAR和Wind数据库，图2~图4同

鉴于此，本文梳理了非标准审计意见相关规则的演进历程，从资本市场初期缺乏独立的审计准则，注册会计师在《注册会计师检查验证会计报表规则（试行）》指导下发表审计意见，到2006年后审计准则加速国际趋同，审计准则在实践中不断完善，非标准审计意见的类型、判断标准、信息披露也日益成熟。

表4为非标准审计意见相关规则变动情况。

表4　非标准审计意见相关规则变动情况

规则阶段	年份	相关准则	具体变化
第一阶段（1990~1995年）	1991	《注册会计师检查验证会计报表规则（试行）》	仅包含无保留意见加说明段、保留意见两类
第二阶段（1996~2005）	1996	《独立审计具体准则第7号——审计报告》	明确审计意见包含：无保留意见、保留意见、否定意见、拒绝发表意见（无法表示意见）四大类
	2003	修订了《独立审计具体准则第7号——审计报告》	将强调事项严格限制在两项：持续经营重大疑虑、重大不确定事项；首次提出“重大性”“广泛性”
第三阶段（2006~2016年）	2006	颁布《中国注册会计师审计准则》	制定《中国注册会计师审计准则第1502号——非标准审计报告》，将审计报告分为标准审计报告和非标准审计报告
	2010	第一次修订《中国注册会计师审计准则》	更改为《中国注册会计师审计准则第 1502号——在审计报告中发表非无保留意见》，准则中不再有非标准审计意见概念
第四阶段（2017年以后）	2017	第二次修订《中国注册会计师审计准则》	新增“关键审计事项”段，提出了包含其他事项段的审计意见，并将“持续经营能力存在重大不确定性”事项从“强调事项段”中分离

（一）1990~1995年：独立审计准则尚未形成，审计意见类型不够全面

该阶段属于我国证券市场的探索发展阶段，彼时独立审计准则尚未出台，相应的监管规则也不明晰。执业准则方面，中国注册会计师协会于1988年成立后，在1991~1993年尝试发布了《注册会计师检查验证会计报表规则（试行）》等7个执业规则，虽然对我国注册会计师行业走向正规化、法治化和专业化起到了积极作用，但在指导实务方面依然存在不足。

在审计意见分布方面，由于缺乏对审计意见类型的细化指引，这一阶段的非标准审计意见类型仅包括无保留意见加说明段、保留意见两类。进一步，该阶段的执业规则并未清晰界定不同审计意见的判断标准，导致两种审计意见的占比波动较大，以保留意见的数量为例，1995年为1994年的6.2倍，而1995年上市公司数量仅为1994年的1.18倍。

在审计意见信息披露方面，由于缺乏统一的格式指引，审计意见的信息含量不足，且缺乏定量描述，未能说明涉及事项的影响。例如，浙江会计师事务所对退市博元（600656）1993年年报发表保留意见的理由为“经审查，公司部分产成品和原材料年末溢余，存在某些不确定因素，有待进一步落实”。

（二）1996~2005年：独立审计准则发布，明确四类审计意见类型

执业准则方面，1996年，财政部发布了第一批《中国注册会计师独立审计准则》，前述《注册会计师检查验证会计报表规则（试行）》废止。其中包括了我国第一份审计报告

准则，即《独立审计具体准则第7号——审计报告》，该准则中明确审计意见类型包含无保留意见、保留意见、否定意见、拒绝发表意见（无法表示意见）四大类。由此，1996年出现了第一份无法表示意见（拒绝表示意见）的审计报告，1997年出现了第一份否定意见的审计报告。

值得一提的是，A股30年来仅出现过5次否定意见，其中4次出现在该阶段。具体而言，根据审计准则，被出具否定意见则意味着上市公司财务报表具有广泛性的重大错报，自然存在较强的对抗性，而审计意见的出具实则是会计师事务所与上市公司之间的博弈行为。我国前4次否定意见均出具在1997~2000年，其可能的原因便是独立审计准则颁布初期，会计师事务所与上市公司的博弈筹码发生变化，进而短暂地出现了4次否定意见，随着时间的推移，双方又形成了新的博弈均衡。加之，我国资本市场的监管规则中，均将否定意见与无法表示意见并列为一种情形加以规定，意味着出具无法表示意见与否定意见具有同样的经济后果，会计师事务所出于挽留客户的目的，有动机迎合上市公司以无法表示意见代替否定意见。随着2018年以来监管力度的加大，监管部门进一步规范了会计师事务所的执业行为，继而在2020年出现了第五份否定意见。

在审计意见披露方面，在《独立审计具体准则第7号——审计报告》的指引下，前述审计意见信息含量不足的问题得到了极大改善。同样以浙江会计师事务所对退市博元（600656）1996年年报发表保留意见的理由为例，注册会计师对出具保留意见的依据和影响金额都进行了充分说明，审计意见的有效性增强，如表5所示。

表5　退市博元（600656）1993年与1996年年报审计意见比较

年份	审计意见	审计意见形成基础
1993 年	保留意见	“经审查，公司部分产成品和原材料年末溢余，存在某些不确定因素，有待进一步落实”
1996 年	保留意见	“贵公司于 1995 年 12 月 29 日收购浙江康恩贝集团制药有限公司 95%股权，按照收购公告收购价为 5 420.9 万元，已包括收购日前预计净利润，而公司在年末又将浙江康恩贝集团制药有限公司 1995 年度净利润的 95%部分计 21 522 234.38 元重复做投资收益入账，致使合并报表时出现合并价差 19 429 013.28 元。本所于 1996 年 4 月 1 日出具的浙会审会（1996）第 372 号审计报告对此问题已做专项保留”

可见，《独立审计具体准则第7号——审计报告》作为我国第一份审计报告准则，在引导注册会计师行业发展，规范审计意见披露方面初见成效。然而，彼时审计准则依然不够详尽，一方面，关于4种审计意见类型的区分较为模糊，指引性不足；另一方面，带有解释性说明的无保留意见，也未就强调事项段的内容给出明确规定。体现在审计意见分布方面，该阶段非标准审计意见急速上涨，如图1所示，该阶段A股市场非标准审计意见比例为区间最高位，皆在10%以上，于1999年达到峰值20%。

随之，中国证监会于2001年首次发布《公开发行证券的公司信息披露编报规则第14号——非标准无保留审计意见及其涉及事项的处理》，对非标准审计意见进行监管，对于明显违反会计准则等情况，要求定期报告披露当日停牌。该规则有效地规范了上市公司严格按照会计准则进行会计处理，一定程度上减少了上市公司与注册会计师的分歧（尚兆燕 2009），与此相关的非标准审计意见数量也出现了小幅降低。

2003年4月，财政部印发了修订的《独立审计具体准则第7号——审计报告》。修订后的该准则中主要有三方面变化：一是原有影响审计意见的“三性”（合法性、公允性和一贯性）变为“二性”（合法性、公允性）；二是将强调事项严格限制在持续经营重大疑虑和重大不确定事项两个事项；三是首次明确以“重大性”“广泛性”作为非无保留意见的区分依据。在规则逐步完善、市场对规则的理解程度不断提高的情况下，该阶段后期的非标准审计意见总体比例趋于稳定，非标准审计意见中各种意见类型的占比也未出现大幅波动。

（三）2006~2016年：独立审计准则废止，加速审计准则国际趋同

2006年，中国注册会计师协会修订了26项相关准则，同时废止了《独立审计基本准则》等相关准则，形成了独立的非标准审计报告准则，即《中国注册会计师审计准则第1501号——审计报告》和《中国注册会计师审计准则第1502号——非标准审计报告》，将审计报告划分为标准审计报告和非标准审计报告两类。

2010年11月，为了保持与国际审计准则的持续全面趋同，中国注册会计师协会对审计准则进行全面修订，印发了《中国注册会计师审计准则第1101号——注册会计师的总体目标和审计工作的基本要求》等38项准则，自2012年1月1日起施行。其中，中国注册会计师协会废止了2006年颁布的《中国注册会计师审计准则第1502号——非标准审计报告》，更改为《中国注册会计师审计准则第1502号——在审计报告中发表非无保留意见》。自此，审计准则中不再有非标准审计意见概念，仅成为一个监管概念。

该阶段的非标准审计意见比例持续走低，2012年后均在4%以下，其中，非无保留意见（保留意见和无法表示意见）下降趋势更为明显。一种可能的解释是，一方面，前述中国证监会《公开发行证券的公司信息披露编报规则第14号——非标准无保留审计意见及其涉及事项的处理》的监管效应显现，有效地规范了上市公司严格按照会计准则进行会计处理，一定程度上减少了非标准审计意见数量；另一方面，2005年股权分置改革之后，我国资本市场的市场化进程加快，上市公司数量的快速增长稀释了非标准审计意见的比例。

（四）2017年以后：审计报告从“简式”到“详式”

执业准则方面，2016年12月23日，财政部印发了《中国注册会计师审计准则第1504号——在审计报告中沟通关键审计事项》等12项中国注册会计师审计准则（新审计准则），并于2017年1月1日起执行。新审计准则体系增加“关键审计事项”段，并对“在审计报告中发表非无保留意见”“在审计报告中增加强调事项段和其他事项段”“持续经营”等与非标准审计意见相关的准则做出实质性修订。其中，《中国注册会计师审计准则第1503号——在审计报告中增加强调事项段和其他事项段》，在规范强调事项段相关要求的基础上，提出了包含其他事项段的审计意见[①]。该次修改将“持续经营能力存在重大

---

① 源于Wind和CSMAR数据库将“其他事项段”和“强调事项段”合并以“强调事项段”的口径进行统计，受制于数据可得性，本文数据统计部分遵循数据库的统计口径。

不确定性”事项从“强调事项段”中剥离，独立形成“与持续经营相关的重大不确定性的无保留意见”与“带强调事项段的无保留意见”两个不同的审计意见类型，审计报告由“简式”变为“详式”，审计意见的信息含量进一步增加（冉明东和徐耀珍 2017）。

该阶段非标准审计意见比例显著上涨，尤其非无保留意见比例的增加更为显著。从非标准审计意见的具体类型来看，2018年的非无保留意见总量继1996年后，首次超过带有解释性说明的无保留意见，占非标准审计意见总量的54.75%。该现象在2019年进一步凸显，仅保留意见占非标准审计意见总量的比例即达到45.83%，无法表示意见占比16.67%，合计占比62.50%。

出现上述现象可能的原因是，一方面，从前端规则改革来看，中国证监会2018年修订形成了《公开发行证券的公司信息披露编报规则第14号——非标准审计意见及其涉及事项的处理》,不再对因违反会计准则和披露规范被出具非标准审计意见的上市公司实施股票实行停牌处理，降低了非标准审计意见的经济后果，缓解了会计师事务所出具非标准审计意见的压力。另一方面，从后端监管压力来看，2018年以来中国证监会不断落实中介机构责任，尤其是注册制改革后进一步强调压严、压实中介机构责任，加重了会计师事务所出具不当审计意见的后果。同时，中国证监会对瑞华会计师事务所、立信会计师事务所的高额处罚起到了立竿见影的震慑效应。

四、非标准审计意见深入分析：2017~2019年资本市场

（一）从数量看，非标准审计意见数量增长较快

2017~2019年，我国A股市场非标准审计意见呈明显上升趋势，以沪市为例，2017年非标准审计意见仅44例，2018年、2019年分别为74例、85例（表6）。其中，保留意见和无法表示意见快速增加。

表6　2017~2019年非标准审计意见统计

意见类型	沪市			沪深两市		
	2017 年	2018 年	2019 年	2017 年	2018 年	2019 年
带强调事项段的无保留意见	12	15	14	39	47	47
与持续经营相关的重大不确定性无保留意见	14	26	21	31	53	52
保留意见	10	22	30	36	81	125
无法表示意见	8	11	19	23	40	45
否定意见	0	0	1	0	0	1
总计	44	74	85	129	221	270
非标准审计意见占比	3.15%	5.10%	5.31%	3.69%	6.16%	6.99%

非标准审计意见的显著增加，主要有两方面原因：一是中国证监会等监管机构立案调查、行政处罚力度加大，持续压严压实中介机构责任，对立信会计师事务所、瑞华会计师事务所等国内头部会计师事务所予以行政处罚，树立了监管威慑；二是近年来我国经济向高质量发展转变，部分市场竞争力不足、经营不善的上市公司风险逐步暴露，高风险上市公司的增加也导致非标准审计意见的增加。

（二）从涉及事项看，注册会计师倾向“被动”反映公司已暴露风险

数据显示，非标准审计意见所涉及事项大部分为上市公司已在临时公告披露或已充分暴露的风险，如经营亏损、当年被监管机构立案调查、涉及重大诉讼或仲裁、关联资金占用及违规担保等。注册会计师出具非标准审计意见概率与事前风险呈显著正相关关系（郑登津和闫晓茗 2017），“主动”揭示上市公司潜在重大风险或发现舞弊的情况较少。

2017~2019年，沪市共计118家上市公司被出具200个非标准审计意见，其中，49.74%的非标准审计意见涉及公司经营亏损、偿债能力薄弱等持续经营能力存在重大不确定性的事项；17.62%的非标准审计意见涉及公司当年被监管机构立案调查；16.06%的非标准审计意见涉及重大诉讼仲裁（图2）。

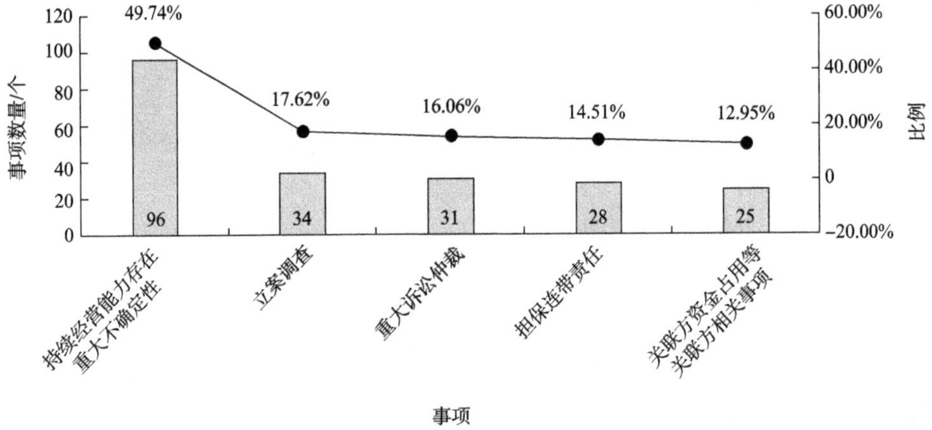

保留意见平均每家涉及 1.14 个事项，无法表示意见平均每家涉及 3.1 个事项；限于篇幅，不同非标准审计意见所涉事项明细未予展示，留存备索

图2 2017~2019年沪市非标准审计意见主要涉及事项

理论上，注册会计师应独立发表恰当的审计意见。但实务中，审计意见往往是注册会计师权衡业务承接与维持、审计责任及对客户影响的博弈结果。非标准审计意见中，因无法表示意见的经济后果较重，注册会计师更倾向依据已暴露的风险或监管动作出具无法表示意见，以减轻自身压力（宋衍蘅和何玉润 2008），由此无法表示意见“被动”反映的情况也最突出。

（三）从影响金额看，非标准审计意见判断标准存在行业共识

实务中，注册会计师利用审计准则的原则化导向，滥用职业判断的现象屡禁不止。

不当审计意见突出表现为以保留意见代替无法表示意见，根结在于，审计准则对于二者的判断缺乏明确的量化标准。但统计数据显示，目前在保留意见和无法表示意见的划分方面，已形成一定的行业共识，注册会计师一般在相关事项的影响金额低于20%时出具保留意见，超过20%时出具无法表示意见。

具体而言，保留意见和无法表示意见涉及的会计科目主要以资产类科目为主，对比涉及的资产类科目金额占上市公司当期总资产比例发现，保留意见上述比例均值为11.24%，超过半数在1%~10%，84.21%的样本在20%以内；无法表示意见上述比例均值为24.51%，42.10%的资产类科目金额占总资产的比例大于20%（图3和图4）。因此，对于保留意见涉及的会计科目的金额占总资产的比例超过20%的上市公司，可以考虑是否存在发表审计意见不恰当的情况，注册会计师充分披露出具保留意见的依据是否充分，职业判断是否与行业惯例相符，是否存在用保留意见代替无法表示意见的情形。

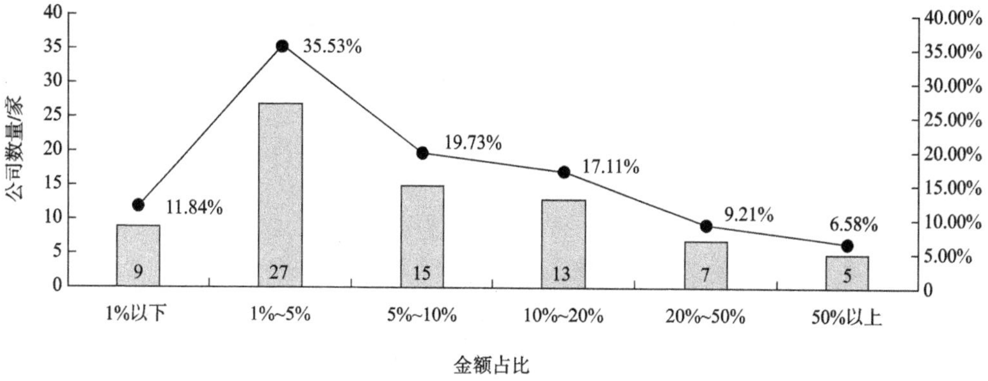

图3　2017~2019年沪市保留意见涉及金额占总资产比例

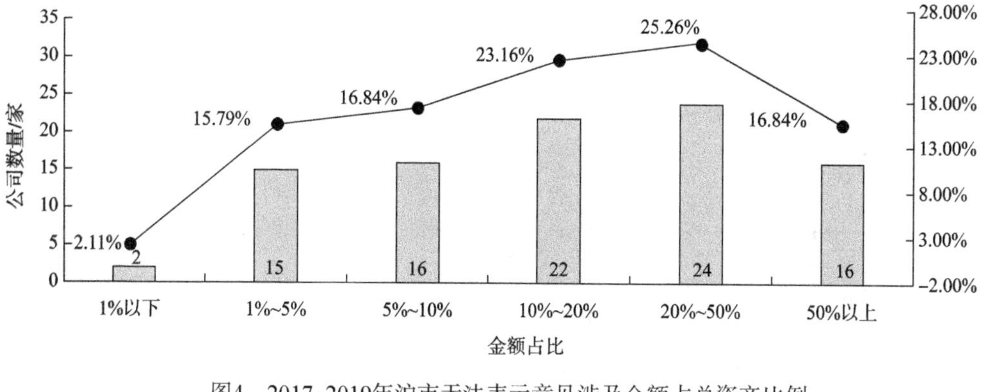

图4　2017~2019年沪市无法表示意见涉及金额占总资产比例

（四）从非标准审计意见变更看，更换会计师事务所后多数审计意见转好

当年度被出具非标准审计意见后，更换会计师事务所是上市公司避免下一会计年度继续被出具非标准审计意见的常见手段（陆正飞和童盼 2003）。数据显示，沪市

2017~2019年共计90家当年度被出具非标准审计意见的上市公司，在下一会计年度更换了会计师事务所，占非标准审计意见上市公司总数的14.7%。其中，40家上市公司更换会计师事务所后的审计意见风险等级降低，其中多数是将规模较大、行业公信力较高的会计师事务所更换为规模较小的会计师事务所。

典型如J公司，上一会计年度被出具无法表示意见的审计报告，本会计年度高价更换为小规模会计师事务所，在上一会计年度无法表示意见的影响事项未发生变化，且注册会计师未获得更多审计证据、未执行针对性审计程序的情况下，注册会计师即认定上一会计年度审计报告无法表示意见所涉及事项的影响已经消除，继而出具了与持续经营相关的重大不确定性无保留意见，满足了上市公司的定增行为对无保留意见的刚性需求。

五、非标准审计意见存在问题、监管难点与不足

（一）审计准则方面，原则化的规定给予注册会计师较大的自主判断空间

现行审计准则对于保留意见、无法表示意见和否定意见过于原则化的判断标准，不仅给予注册会计师过大的职业判断空间，也导致监管机构对审计意见进行监管时面临较大的挑战和压力。其中，由于上市公司被出具无法表示意见后，将面临被实施退市风险警示的严重后果，以保留意见代替无法表示意见是监管的重点和难点。

表7为非无保留意见的区分依据。

表7　非无保留意见的区分依据

导致发表非无保留意见的事项的性质	这些事项对财务报表产生或可能产生影响的广泛性	
	重大但不具有广泛性	重大且具有广泛性
财务报表存在重大错报	保留意见	否定意见
无法获取充分、适当的审计证据	保留意见	无法表示意见

现行审计准则及相关应用指南，对保留意见、否定意见和无法表示意见的标准，是判断导致发表该类意见的事项是否“重大”、是否具有“广泛性”的依据。实务中，“重大性”的判断主要参照注册会计师在审计时设定的重要性标准，但对“广泛性”的量化标准目前尚未有明确的解释说明。如前所述，2017~2019年非标准审计意见中，有6.58%的保留意见所涉金额占总资产的比重超过50%，已经远高于无法表示意见，如X公司2017年仅其他应收款一项就占到总资产的62.58%，但当年度注册会计师依然仅出具了保留意见。该类保留意见所涉及事项可能已经具有“广泛性”，对财务报表整体产生了广泛的影响，但由于审计准则原则化的规定，注册会计师较为容易以职业判断为由应对监管质疑。

（二）监管方面，审计意见监管是会计监管的真空地带

目前，对会计师事务所的监管主要针对易于取证的审计程序和审计证据，如函证程序、存货盘点是否符合审计准则要求。审计意见主要依赖注册会计师的职业判断，监管机构认定审计意见不当的难度较大，导致审计意见监管一直存在不足。同时，即使注册会计师执行了恰当的审计程序，获得了充分证据，也不能保证其能够出具恰当的审计意见。

监管实践中，认定注册会计师出具不当审计意见的监管案例较少。中国证监会在2010~2019年的行政处罚中，仅有1例明确认定会计师事务所发表的审计意见不恰当。进一步，依赖行政处罚对审计意见进行监管缺乏时效性和及时性，行政处罚违规事项的发生时间与行政处罚决定时间的间隔一般在3~5年，难以及时遏制部分上市公司通过"购买"审计意见来规避退市、"戴星戴帽"或套取再融资资格的行为。

（三）有效性方面，注册会计师"主动"揭示公司风险的效果欠佳

注册会计师发表的非标准审计意见，实质上在向财务报表使用者揭示上市公司存在的重大风险（李晓慧和杨坤 2015），也正因如此，审计意见是财务报表使用者判断上市公司价值和风险的重要依据。但是，前文分析发现，注册会计师多"被动"反映上市公司已暴露风险，少"主动"揭示上市公司潜在风险或财务舞弊事实。财务报表使用者对注册会计师发现上市公司潜在风险和舞弊的期望，与注册会计师未能有效揭示风险的差距仍持续存在，即杨志国（2017）所称"期望差距"。瑞幸咖啡、欧洲线上支付商Wirecard的财务舞弊事件，再次引发社会公众对注册会计师作用的广泛讨论（林勇峰等 2020，黄世忠 2020）。

这种"期望差距"的存在，部分是由于审计工作的固有限制，注册会计师难以发现上市公司蓄意造假或者蓄意隐瞒违规事实,但也不乏部分注册会计师即使在内部人举报、媒体大量质疑的情况下，仍未充分识别或者帮助上市公司隐瞒风险，由"看门人"变成"放水者"（万洪要 2016），发表不当审计意见。例如，经营基本停滞的W公司，其在被媒体广泛质疑海外业务造假，在当年该业务已基本停滞的情况下，注册会计师仍出具了标准无保留审计意见。黄世忠等（2020）的研究同样证实，上市公司发生舞弊的前一年和舞弊当年，会计师事务所出具标准审计意见的比例为82.30%和84.96%，注册会计师发现财务舞弊的表现欠佳。因此，如何有效、有力地加强对注册会计师的监管，充分发挥其"看门人"责任，是会计监管的重点和难点。

（四）信息披露方面，非标准审计意见形成基础部分的披露不充分

通过对2017~2019年非标准审计报告的分析，发现审计报告中"形成审计意见的基础"部分的披露表述缺乏统一规范，表述冗杂，信息含量低。部分审计报告更是仅披露了涉及事项，未披露影响金额，更未就影响金额占总资产比重或其对净利润影响数额加以说明，难以直接从该部分判断出具的审计意见是否恰当，以及"重大性""广泛性"的判断依据是否充分。

究其根本，出现上述审计报告信息表述不统一、披露质量不高的原因在于相关规则的指引不够明确：一是《中国注册会计师审计准则第1501号——对财务报表形成审计意见和出具审计报告》，在“形成审计意见的基础”部分要求包括的四个方面，皆是从注册会计师责任的角度出发，未涉及披露规范；二是《中国注册会计师审计准则第1502号——在审计报告中发表非无保留意见》应用指南，给出的5个审计报告参考格式中，“形成审计意见的基础”的表述过于笼统。

六、结论与建议

资本市场30年来，在我国审计准则与监管规则不断完善的进程中，不论是非标准审计意见类型界定，还是披露表述等方面均呈现可观的改善。审计准则通过规则改进，不断明确注册会计师的职业判断依据，提高审计报告的质量与信息含量。但遗憾的是，审计准则过于原则导向、审计判断过分依赖会计师职业能力的不足一直存在。这些不足虽通过监管多方发力得到了一定的改善，但源头整改方可治本，在从严监管的同时，尝试完善准则、提供更为规则化的判断标准和更为细致有针对性的信息披露要求，才是去疴良方。

（一）增加审计报告披露内容，提升审计意见信息披露含量

审计准则对于无保留意见和非无保留意见的判断边界较为清晰，实务难点在于非无保留意见的区分。如前所述，一方面，审计准则中，保留意见、无法表示意见和否定意见“重大性”和“广泛性”过于原则化，现行审计准则和应用指南给出的判断界限均较宽泛。另一方面，我国注册会计师面临的法律风险较低（刘峰和许菲 2002，李明辉 2012），且目前注册会计师行业职业素养和职业能力良莠不齐，过高的自主判断空间导致不当审计意见多发。同时，过于原则化导向的审计准则，导致监管机构在质疑注册会计师是否出具恰当审计意见时，缺乏可依赖的、具有明确判断标准的规则依据。

本文基于历史数据统计发现，目前行业对于“重大性”和“广泛性”的区分实则已形成初步的行业共识，但若制定刚性的量化标准，一方面与审计准则强调职业判断的原则有所冲突；另一方面，单一的量化标准可能难以满足复杂的审计实务需求。鉴于此，本文建议从信息披露的角度加强非无保留意见的规则指引。例如，一是参考英国审计准则要求，在审计报告中披露重要性水平，包括选取基准及百分比、计算结果、选取依据等；二是充分披露所涉及事项是否具有广泛性的判断过程；三是披露审计范围受限事项的形成过程及原因、未能获取的审计证据内容、执行的替代性程序等；四是披露上期非标准审计意见涉及事项的具体内容、消除上期非标准审计意见涉及事项的具体措施等。

（二）制定审计报告披露格式指引，提高审计意见信息披露质量

现行审计准则和相关应用指南的披露指引，在判断注册会计师责任是否到位的“形成审计意见的基础”部分，更多地从明确注册会计师责任的角度出发，而非基于信息有效性。相关应用指南的参考范例过于笼统，导致上市公司审计报告，尤其是“形成审计意见的基础”部分的披露格式不统一、可理解性较差，难以满足以信息披露为核心的注册制改革需求。

本文对2017~2019年沪市200份非标准审计意见的文本进行分析，总结不同审计意见的优缺点，以A会计师事务所对L公司2019年年报发表的保留意见为示例，建议“形成审计意见的基础”部分可在现有披露要求的基础上，通过以下三点进一步优化：第一，每个事项独立成段，并设置小标题，简要概述涉及事项；第二，若涉及事项具有对应的会计科目，应披露会计科目、影响金额及影响比例，可尝试结合上述第一条建议说明影响是否“重大”或是否具有“广泛性”；第三，给出相应索引，如“财务报表‘附注五（十八）、其他非流动资产、注1’所述”。

（三）加强审计意见监管，提升注册会计师执业质量

长期以来，因为会计监管资源短缺，会计师事务所整体监管力度不强，尤其对于审计意见的监管一直存在不足。中国证监会在2010~2019年的行政处罚中，仅有1例明确认定会计师事务所发表的审计意见不恰当。为加强审计意见监管，一方面，监管机构可以考虑通过现场检查、监管问询等方式，提升会计师事务所整体质量管理水平，从前端提高审计意见质量；另一方面，加强审计意见的事后监管，可填补现行监管空白。我国目前尚未出现过监管要求注册会计师更正审计意见的先例，但从国外经验来看，美国公众公司会计监督委员会每年均存在要求会计师事务所更正已发表审计意见的不当情况。前已述及，审计意见类型往往影响上市公司的再融资、股权激励及债券业务等相关方面，目前对审计意见的行政处罚式监管通常需要3~5年时间，缺乏时效性，难以有效制约上市公司当年度的资本市场融资行为。加强审计意见监管，及时要求会计师事务所更正审计意见类型，有利于充分发挥审计意见的资本市场资源配置功用。

参考文献

韩丽荣，刘志洋. 2017. 带强调事项段无保留审计意见传递了何种风险信号？——基于投资者感知视角. 当代会计评论，10（1）：45-64.

黄世忠. 2020. 金融科技巨擘的幻灭与反思——Wirecard 财务舞弊案剖析. 金融会计，（7）：6-17.

黄世忠，叶钦华，徐珊，等. 2020. 2010~2019 年中国上市公司财务舞弊分析. 财会月刊，(14)：153-160.

李明辉. 2012. 独立审计质量的影响因素——一个文献综述. 当代会计评论，5（2）：122-146.

李莫愁，石坡，夏立军. 2013. 中国资本市场非标准审计意见的经济后果分析. 会计论坛，（1）：22-35.

李晓慧，杨坤. 2015. 媒体关注、审计意见与会计信息透明度研究. 中央财经大学学报，（10）：52-60.

李增泉. 1999. 实证分析：审计意见的信息含量. 会计研究，（8）：16-22.
林勇峰，陈世文，白智奇. 2020. 瑞幸事件的理论分析与监管思考——基于舞弊三角理论的逻辑推演. 金融会计，（5）：67-74.
刘峰，许菲. 2002. 风险导向型审计·法律风险·审计质量——兼论“五大”在我国审计市场的行为. 会计研究，（2）：21-27，65.
陆正飞，童盼. 2003. 审计意见、审计师变更与监管政策———项以 14 号规则为例的经验研究. 审计研究，（3）：30-35.
冉明东，徐耀珍. 2017. 注册会计师审计报告改进研究——基于我国审计报告改革试点样本的分析. 审计研究，（5）：62-69.
尚兆燕. 2009. 法律对会计师审计意见的影响：实证检验. 审计与经济研究，24（5）：22-33.
宋衍蘅，何玉润. 2008. 监管压力与审计市场竞争压力：注册会计师的权衡——以长期资产减值准备为例. 管理世界，（5）：144-150.
万洪要. 2016. 注册会计师职业道德问题分析. 财经问题研究，（S2）：172-176.
魏志华，王贞洁，吴育辉，等. 2012. 金融生态环境、审计意见与债务融资成本. 审计研究，(3)：98-105.
肖金锋. 2013. 上市公司非标准审计意见信息公告的市场反应研究——基于 1998—2011 年沪深 A 股的实证证据. 证券市场导报，（12）：35-42.
杨志国. 2017. 风险导向审计方法与案例. 2 版. 北京：中国财政经济出版社.
赵保卿，郝亮. 2015. A 股与 H 股公司审计意见对股价影响的对比研究. 南京审计学院学报，12(1)：66-75.
郑登津，闫晓茗. 2017. 事前风险、审计师行为与财务舞弊. 审计研究，（4）：89-96.
Church C. 1996. Going concern opinions and the market's reaction to bankruptcy filings. Accounting Review，71（1）：117-128.
Dodd P, Dopuch N, Holthausen R, et al. 1984. Qualified audit opinions and stock prices: information content, announcement dates，and concurrent disclosures. Journal of Accounting & Economics，6（1）：3-38.
Firth M. 1978. Qualified audit reports: their impact on investment decisions The Accounting Review, 53(3): 642-650.
Firth M. 1980. A note on the impact of audit qualifications on lending and credit decisions. Journal of Banking & Finance，4（3）：257-267.
O'Reilly D M，Leitch R A，Tuttle B. 2010. An experimental test of the interaction of the insurance and information-signaling hypotheses in auditing. Contemporary Accounting Research，23（1）：267-289.

Non-Standard Audit Opinions: Evolution of Rules, the Status Quo of the Audit Market, and Existing Problems

Yongfeng Lin[1]，Lingling Wang[1] and Zhiqi Bai[2]
1. Shanghai Stock Exchang，Shanghai，China 200127;
2. School of Management，Fudan University，Shanghai，China 200433

Abstract: As professional opinions from an independent third party that reflect a firm's financial credibility and reveal its financial risk, audit opinions play a vital role in improving the quality of accounting information of publicly listed companies. First, the paper explains the economic meanings and consequences of audit opinions. Second, it describes the historical evolutions of auditing standards and audit regulations related to non-standard audit opinions over the 30-year (i.e., from 1990 to 2020) history of the Chinese capital markets. Third, it analyzes the status quo of the market for non-audit opinions for the period of 2017 to 2019 in the following four aspects, that is, the total number of non-standard audit opinions, matters related to non-audit opinions, the RMB amount involved in non-standard audit opinions, and audit opinion changes. Finally, it summarizes the existing problems in non-standard audit opinions and offers some suggestions for solutions to these problems.

Keywords: non-standard audit opinions; thirty-year history of the Chinese capital markets; evolution of rules; status quo of the audit market; existing problems.

当代会计评论　　Contemporary Accounting Review
第14卷第1辑　　Vol.14 No.1
2021年　　2021

内控彰显价值——基于新冠肺炎疫情外生事件的研究*

舒伟[1]　陈伟昌[1]　曹健[2]　林斌[3]
（1. 西安财经大学商学院/现代会计审计与财务研究中心，陕西 西安 710100；
2. 哈尔滨工业大学（深圳）经济管理学院/大数据会计与决策研究中心，广东 深圳 518055；3. 中山大学管理学院，广东 广州 510275）

【摘要】 内部控制的成本与收益一直是学术界和实务界争论的焦点问题。2020年初新型冠状病毒肺炎（简称新冠肺炎）疫情的暴发，为我们检验上述问题提供了一个理想的外生环境。本文运用事件研究法，考察了在疫情期间不同内部控制质量下企业的市场表现，发现企业内部控制质量与事件窗口期内的累计超额收益率具有显著正相关关系，并且在受疫情冲击程度较高的地区，以及在主营业务受疫情影响相对较强的企业中，二者之间的正相关关系更加显著。本文进一步从内部治理结构和外部治理环境视角研究发现，在非国有企业中，内部控制质量与事件窗口期内的累计超额收益率之间的正相关关系更加显著；在市场化程度高的地区及政府透明度低的企业存在同样的情况。本文的研究为内部控制的成本与收益之争提供了更为直接的经验证据，也为进一步推动以内部控制为抓手提升我国企业风险防控能力提供了相应的政策依据。

【关键词】 新冠肺炎　内部控制　企业价值　市场反应

---

* 舒伟，副教授，E-mail：shuwei@xaufe.edu.cn；陈伟昌，硕士研究生，E-mail：chenweichang@xaufe.edu.cn；曹健（通讯作者），助理教授，E-mail：kerrycao@hit.edu.cn；林斌，教授，E-mail：mnslb@126.com。本文受到中国（西安）丝绸之路研究院科学研究项目"'一带一路'节点城市营商环境与企业创新研究"（2019YA03）、国家自然科学基金面上项目"企业智能制造战略对研发支出粘性的影响机理研究——基于利益相关者视角"（71972152）、陕西省社科基金项目"数字经济时代陕西省营商环境与企业创新研究"（2021D038）、陕西省教育厅哲学社会科学重点基地研究项目：西部企业信息化建设、内部控制及其经济后果研究"（20JZ053）、国家社会科学基金青年项目"数字技术驱动企业内部控制效能提升的内在机理与实现路径研究"（21CGL013）、深圳市"孔雀计划"高层次人才科研启动项目"'数智时代'情境下的企业内部控制有效性研究"（GA11409009）、深圳市人文社会科学重点研究基地项目"智能化会计与企业管控研究"（KP191002）的资助。

一、引　言

作为重大突发公共事件，新冠肺炎疫情对社会稳定和经济发展造成严重冲击，金融市场也出现大幅震荡（杨子晖等 2020）。国家统计局数据显示，2020年第一季度我国国内生产总值同比下降6.8%，环比下降9.8%[①]，这是自1992年以来我国经济第一次出现季度性萎缩，而联合国贸易和发展组织预计全球经济在2020年将收缩4.3%[②]。作为微观经济个体，我国企业的生存与发展同样面临着巨大的挑战和压力，全国企业破产重整案件信息网数据显示，仅2020年第一季度全国就有10 223起企业破产案件（2019年同期仅为6 838起）[③]。新冠肺炎疫情将长期影响世界的经济[②]，党中央在《中共中央关于制定国民经济和社会发展第十四个五年规划和二〇三五年远景目标的建议》中也指出，“当今世界……不稳定性不确定性明显增加，新冠肺炎疫情影响广泛深远”。因此，在疫情防控常态化的背景下，如何提升我国企业风险防控能力，提高经济活力，实现经济行稳致远是当下值得探讨的重要问题。

自2008年开始，我国大力推进内部控制体系建设，财政部等五部委联合发布的《企业内部控制基本规范》和《企业内部控制配套指引》标志着我国内部控制规范体系的初步建立。内部控制规范体系是我国经济高质量发展的重要制度基础，考虑到新冠肺炎疫情对上市公司生产经营和高质量发展的巨大影响，2020年10月印发的《国务院关于进一步提高上市公司质量的意见》，再次强调“严格执行上市公司内控制度，加快推行内控规范体系，提升内控有效性”，旨在通过内部控制和公司治理的建设与完善，提高上市公司质量，推动现代化经济体系建设。同时，学者发现内部控制在风险防控方面同样具有重要作用（Ashbaugh-Skaife et al. 2009，方红星和陈作华 2015，Wang et al. 2018），拥有良好内部控制体系的企业能够具备较强的风险识别和防控能力（王蕾等 2019）。由此可见，加强企业内部控制建设将有助于为实现党的十九届五中全会提出的“加强经济安全风险预警、防控机制和能力建设”提供重要保障。

目前学术界和实务界对内部控制的成本与收益问题一直存在着争论，究竟是成本高于收益还是收益高于成本仍未形成定论。部分学者认为内部控制的收益高于执行内部控制的成本，能够为企业创造价值（Ge et al. 2017，Kravet et al. 2018，Cao et al. 2020）、降低股价崩盘风险（叶康涛等 2015，张瑞君和徐鑫 2017，黄政和吴国萍 2017）、提高企业绩效（叶陈刚等 2016）和运营效率（Cheng et al. 2018）等。然而，另一部分学者认为内部控制的相关要求增加了企业的审计成本（Elder et al. 2009，Kinney and Shepardson 2011，佘晓燕和白瑾瑜 2019）、抑制了企业探索性创新活动（Li et al. 2019），

---

① 数据来源：国家统计局网站（https://data.stats.gov.cn/search.htm?s=GDP）。

② 2020 年 11 月 19 日，联合国贸易和发展组织（也称贸发会议）发布题为《新冠肺炎大流行对贸易和发展造成的冲击：向新的常态转型》的报告。

③ 数据来源：全国企业破产重整案件信息网（http://pccz.court.gov.cn/pcajxxw/index/xxwsy）。

虽然内部控制能够给企业带来一定的收益，但是并不足以弥补相应的成本（Alexander et al. 2013），内部控制质量与审计收费之间也不存在显著的影响（胡大力和高田敏文 2016）等。那么，在新冠肺炎疫情防控常态化的背景下，内部控制能否为企业带来额外的收益，能否有效地防控风险，能否提升企业价值仍是值得进一步检验的重要问题。

因此，本文以新冠肺炎疫情对我国社会经济及企业经营造成极大冲击的外生事件为背景，以内部控制质量与企业价值间的关系作为实证研究的对象，为内部控制发挥的作用与其内在价值提供证据支持，为推动我国内部控制体系建设与完善，促进我国企业风险防控能力提升，实现经济行稳致远提供相应的经验证据和政策参考。研究发现，面对新冠肺炎疫情，内部控制质量越高的企业，事件窗口期内的累计超额收益率越高，表明内部控制对稳定企业价值的作用越明显；在将全国各省（区、市）按照受新冠肺炎疫情影响程度高低进行分组后发现，内部控制质量与事件窗口期内的累计超额收益率的关系在受疫情影响程度高的地区更为显著，而在影响程度低的地区无明显差异；而且，相较于受疫情影响程度相对较弱的企业，内部控制质量与事件窗口期内的累计超额收益率的关系在受疫情影响程度更强的企业中更为显著。进一步研究发现，在非国有企业中，内部控制质量与事件窗口期内的累计超额收益率之间的正相关关系更加显著；在市场化程度高的地区及政府透明度低的企业存在同样的情况。

本文的主要贡献在于：第一，本文利用新冠肺炎疫情这一外生事件提供的天然检验环境，通过事件研究法证实了内部控制能够有效起到稳定企业价值的作用，为内部控制成本与收益之争提供了来自我国的经验证据，丰富了内部控制经济后果方面的文献；第二，本文研究发现，在新冠肺炎疫情背景下，内部控制是保证企业经营能力与防范风险能力的重要手段，这充分彰显了习近平总书记就防范化解重大风险提出的“既要有先手，也要有高招”的要求（万鹏 2019），丰富了风险管理方面的文献，也为进一步提升企业风险防范能力提供了经验依据。

二、新冠肺炎疫情下企业价值走势

（一）上市公司股票市场周回报率

本文将2020年1月20日钟南山院士宣布新冠肺炎疫情存在人传人现象定义为新冠肺炎疫情暴发的起点。2020年4月8日零时起，武汉市解除离汉离鄂通道管控措施，有序恢复对外交通。本文将2020年4月8日“武汉解封”定义为新冠肺炎疫情基本稳定的时点。图1展示了从2020年第1周到第15周我国A股沪深市主板、创业板与科创板考虑现金红利再投资的股票市场周回报率（通过流通市值加权平均法计算得出）。

通过股票市场周回报率可以看出，各板块的股票市场周回报率基本保持了相同的变化趋势，其中科创板的变化幅度最为剧烈。可以看到，2020年初各板块的股票市场

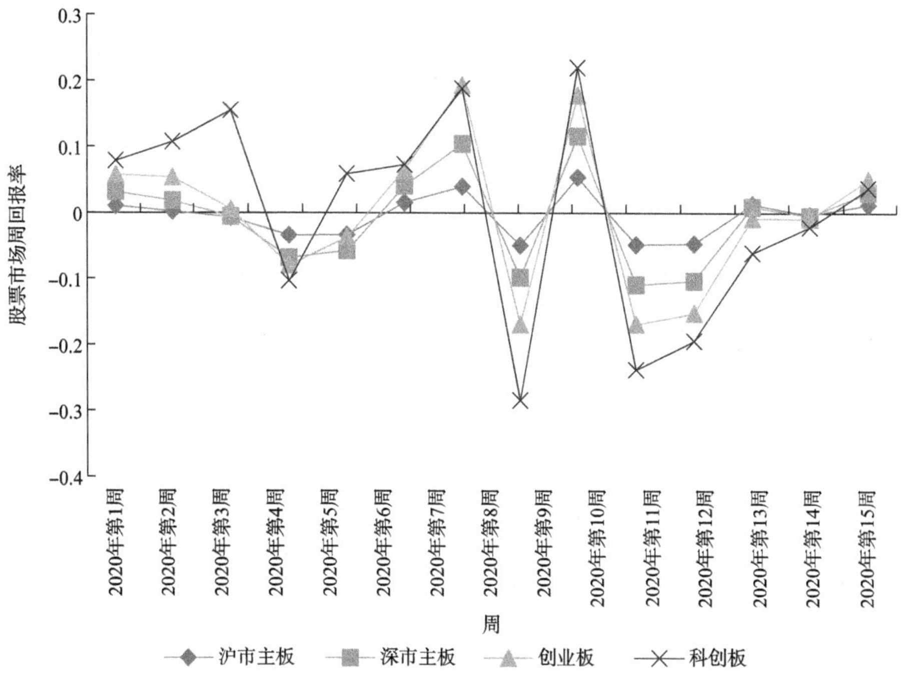

图1　各板块的股票市场周回报率

资料来源：CSMAR 数据库

周回报率均为正值，市场总体情况较好。新冠肺炎疫情在2020年第4周暴发，可以看到该周股票市场周回报率显著降低，受疫情冲击明显。在春节假期之后，市场开始剧烈波动，经历了春节假期之后的短暂回暖后，随着新冠肺炎疫情的严重程度进一步加剧，股票市场周回报率在第8~11周剧烈波动。在新冠肺炎疫情的严重冲击下，我国政府果断采取十分严格的防疫措施，对患者救治及时、应收尽收，对密切接触者应检尽检。正是由于政府防治及时及广大人民群众的密切配合，经过3个月艰苦卓绝的抗疫斗争，我国新冠肺炎疫情基本得到了控制。此外，为了帮助企业减少疫情造成的损失，国务院果断采取免、减、缓三项保障举措，助力各行业复工复产，市场信心逐步提升，各板块的股票市场周回报率逐步上升并趋于稳定。

（二）按受疫情影响强弱程度分类的企业股票市场周回报率

将所有样本按照主营业务范围划分为受疫情影响程度强、受疫情影响程度弱两组[①]，通过观察它们的股票市场周回报率可以发现（图2），总体上两类企业的变化趋势类似，但可以明显发现，受疫情影响程度弱的企业股票市场周回报率更为稳定，且总体上高于受疫情影响程度强的企业。这说明虽然受疫情影响程度弱的企业价值受到了影响，但远不如受疫情影响程度强的企业那样严重。

① 按照“互联网”“软件”“网络游戏”“医疗”“医药”“百货”“超市”等与互联网、医疗医药、零售百货相关的关键词对企业主营产品类型进行筛选，数据来源为 Wind 数据库。如果在企业的主营产品类型中有以上关键词时，即认为该企业受疫情影响程度弱，否则为受疫情影响程度强的企业。

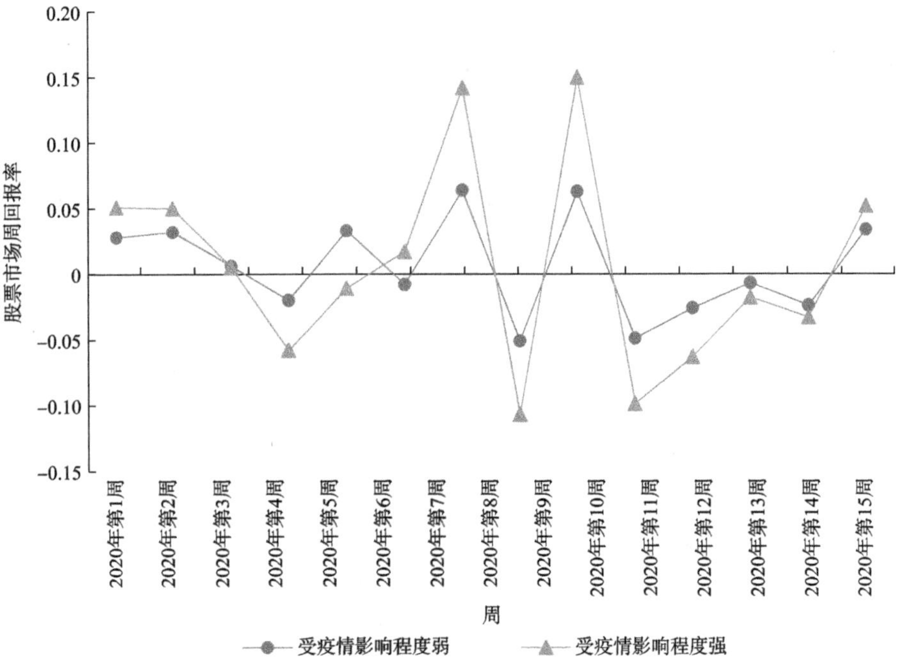

图2　按受疫情影响程度强弱分类的企业股票市场周回报率

资料来源：CSMAR 数据库

三、理论分析与研究假设

（一）内部控制与企业价值

作为一种正式的制度安排，内部控制在保证企业运营合法、合规，提高运营效率效果和保证报告信息质量等方面发挥着重要作用。现有研究发现，内部控制质量高的企业，具有更高的会计信息披露质量（Ashbaugh-Skaife et al. 2008，方红星和张志平 2012）、运营效率（李万福等 2011，Feng et al. 2015）及更低的被诉讼概率（林斌等 2013），并且能够有效降低企业的风险（Bargeron et al. 2010）。较低的内部控制质量将改变投资者对管理层监督财务报告的质量和企业会计信息系统质量的看法（Francis and Ke 2006），进而对这些企业给予较低的定价，如Hammersley 等（2008）发现，市场对披露了内部控制缺陷的企业将有更为负面的反应，即这些企业的股票价格显著下降。

有效的内部控制能够改善企业的风险管理。根据《企业内部控制基本规范》的要求，在全面控制的基础上，重要业务事项和高风险领域应作为内部控制的重点关注内容，进而确定企业的风险应对策略。此外，《企业内部控制基本规范》第三十七条要求企业在建立重大风险预警机制的同时，还要建立应急反应机制，包括制定应急预案、明确责任人员等具体措施。新冠肺炎疫情的发生对我国乃至全球的经济带来了巨大的冲击，企业面临着客户减少、订单取消、原有经营渠道失灵等困难，大量企业停工停产，企业收入锐减，经营业绩受到极大影响，企业运营处于极大的不确定环境下。各国纷纷出台宏观经济政策进行调控，以应对新冠肺炎疫情的影响。宏观经济政策会对微观企业主体行为产生进一步的联动影响（姜国华和饶品贵 2011）。新冠肺炎疫情带来了经济因素和市场因素的剧烈变动，一方面导致企业面临的经济前景不确定性增大，由此引发企业经营波动性增加，系统风险加大；另一方面，改变了企业所处的信息环境（更为复杂），进而对企业产生影响，导致系统风险增大。与内部控制薄弱的企业相比，内部控制有效的企业可以提高企业稳健性（Goh and Li 2011）。鉴于新冠肺炎疫情对企业价值造成的巨大冲击，有效的内部控制制度可以起到减轻其负面影响的作用（Wang et al. 2018）。

有效的内部控制也预示着对企业更好的保护。内部控制的目的是为实现与经营、报告和合规有关的目标提供合理的保证。内部控制的有效性决定着其管控未来风险的能力及预期变为现实的可靠程度（杨有红和李宇立 2011），内部控制质量越高的企业，一方面自身的特质风险较低[①]，另一方面具有较好的应对系统风险的能力（Ashbaugh-Skaife et al. 2009，方红星和陈作华 2015，Wang et al. 2018），能够有效缓解新冠肺炎疫情带来的冲击和影响。可以预见，与内部控制质量低的企业相比，投资者对内部控制质量高的企业的未来营利能力及其风险进行重新评估时将具有更高的信心。具备较好的内部控制质量的企业就如同拥有一把“保护伞”，能够强化风险管理能力，进而缓解新冠肺炎疫情对企业造成的冲击，稳定企业价值。因此，本文提出第一个假设。

假设1：在新冠肺炎疫情影响下，企业内部控制质量越高，对于企业价值的稳定作用越明显。

（二）疫情影响严重程度对内部控制和企业价值的影响

新冠肺炎疫情的出现对企业整体层面和业务层面的内部控制都带来了较大的影响。特别是在受疫情影响严重的地区，为了疫情防控的需要，政府会出台相对更严格的防控措施，如湖北省多地采取了“封城”的措施。

内部控制在防范和控制企业经营风险、财务风险等方面发挥着重要作用（戴文涛等 2014），是保证企业正常经营及实现可持续发展目标的重要力量，是企业生产经营成败的关键[②]。因此，在受疫情影响程度强的地区，即受到疫情负面冲击更加严重、经济因素和市场因素具有更高不确定性的地区，内部控制在预测、识别和降低疫情带来的风险方面发挥的作用更加明显，能够更好地发挥稳定企业价值的作用，具备更高内部控制质量的企业受到的负面冲击也更小。因此，本文提出第二个假设。

假设2：在受疫情影响程度强的地区，内部控制质量与企业价值的正相关关系更显著。

---

① 企业特质风险由特定因素决定，主要体现在企业人力资源、财务活动、销售业务等活动中，与外部经济因素相比，具有较强的可控性（方红星和陈作华 2015）。

② 《企业内部控制基本规范》对内部控制的定位之一。

（三）主营业务构成对内部控制和企业价值的影响

新冠肺炎疫情对不同行业带来的负面影响是不同的，这主要是各行业面临的系统风险不同所致。系统风险实质上是企业对外部经济因素或市场因素的敏感程度，敏感性越高，则企业的系统风险越高。例如，对经济因素敏感性越高的企业，当所处的经济环境恶化时，遭受损失的可能性和影响就越大（方红星和陈作华 2015）。

在一些主营业务构成与互联网关系更加紧密的企业中，由于其业务不一定完全需要在线下进行，能够化解一部分疫情造成的冲击。新冠肺炎疫情对餐饮、旅游、电影、交通运输、教育培训等行业冲击较大（罗志恒 2020）。主营业务构成与互联网关系紧密的企业不但不会停摆，反而会得到较为快速的发展（如在线教育、在线游戏等），这类企业内部控制体系受到新冠肺炎疫情的不利影响较小（陈艳萍等 2020）。同时，随着新冠肺炎疫情对我国乃至世界经济、社会造成越来越严重的影响，各国都加快了研制疫苗的进度，以遏制疫情的进一步蔓延。此外，防疫用品和药品甚至出现了断货的情况，新冠肺炎疫情对于以医药及医疗用品等作为主营业务的企业来说甚至成为“利好”消息。与之类似的是，在疫情期间，随着防疫措施的日趋严格，人们通常会囤积更多的日用百货以应对长时间的居家隔离，而这同样对以日用百货和零售商超作为主营业务的企业形成了“利好”消息。因此，相比其他企业，主营业务构成与互联网关系不紧密、与医药医疗关系不紧密及与日用百货关系不紧密等受疫情影响程度强的企业对经济因素敏感性更高，面临的系统风险更大，在这类企业中拥有较高内部控制质量的企业受到的负面影响将更小，内部控制质量在稳定企业价值中能够发挥更突出的作用。因此，本文提出第三个假设。

假设3：在主营业务受疫情影响程度强的企业中，内部控制与企业价值的正相关关系更显著。

四、研究设计

本文将企业内部控制质量与企业价值之间的关系作为研究对象，考察在2020年初暴发的新冠肺炎疫情造成的市场影响下，企业内部控制质量对稳定企业价值所发挥的作用。

（一）检验模型与变量定义

本文采用在新冠肺炎疫情暴发这一事件附近上市公司的股票价格变化，考察企业内部控制质量对企业价值的影响。运用事件研究法首先需要选取事件日，本文将2020年1月20日确定为事件日，即钟南山院士在这一天接受采访并宣布新冠肺炎具备“人传人”特性。之后，本文采用市场模型法计算事件日附近的股票超额收益率。市场模型法的基本模型如下：

$$R_{i,t} = \alpha_0 + \alpha_1 R_{M,t} + \varepsilon \tag{1}$$

其中，$R_{i,t}$ 表示企业i在第t个交易日的考虑现金红利再投资的个股收益率；α_0 表示回归方程的截距项；α_1 表示回归方程的斜率；$R_{M,t}$ 表示采用流通市值加权平均法计算出的第t个交易日考虑现金红利再投资的市场收益率；ε 为随机扰动项。本文将事件日之前的第210个到之前的第10交易日作为估计窗口期，即[−210,−10]共200个交易日，采用模型（1）估算出每个企业的无风险收益率 $\hat{\alpha}_0$，以及个股收益率与市场收益率之间的关联度 $\hat{\alpha}_1$。之后，本文通过模型（2）计算出企业在事件日附近每个交易日的超额收益率 $\mathrm{AR}_{i,t}$：

$$\mathrm{AR}_{i,t} = R_{i,t} - \hat{\alpha}_0 - \hat{\alpha}_1 R_{M,t} \tag{2}$$

在完成企业事件日附近超额收益率的计算后，本文再分别以事件日前后2个（[−2,+2]）和10个（−10,+10）交易日作为窗口期，计算共计5个和21个交易日的累积超额收益率（CAR），并以此来衡量企业股票收益的变化。

为了排除其他因素对疫情造成的市场反应的影响，本文建立如下回归模型，并加入相关的控制变量进行分析：

$$\begin{aligned}\mathrm{CAR}_i = {} & \alpha_0 + \alpha_1\mathrm{IC}_i + \alpha_2\mathrm{Size}_i + \alpha_3\mathrm{Lev}_i + \alpha_4\mathrm{ROA}_i + \alpha_5\mathrm{MTB}_i + \alpha_6\mathrm{Cash}_i + \alpha_7\mathrm{SOE}_i \\ & + \sum\mathrm{Industry} + \sum\mathrm{Location} + \varepsilon\end{aligned} \tag{3}$$

在模型（3）中，解释变量IC为迪博内部控制质量。为了便于计算，本文用迪博目标导向的内部控制综合指数除以1 000表示，转换为0~1的小数。此外，本文参考现有研究（肖土盛等 2020），将企业规模（Size）、资产负债率（Lev）、总资产收益率（ROA）、市值账面比（MTB）、企业现金持有水平（Cash）及实际控制人性质（SOE）作为控制变量。此外，本文还对企业所属行业（Industry）与企业办公住所所在地（Location）进行控制。具体的变量定义见表1。

表1　具体的变量定义

变量性质	变量名	变量定义
被解释变量	CAR	累计超额收益率
解释变量	IC	内部控制质量，用迪博目标导向的内部控制综合指数除以 1 000 表示
控制变量	Size	企业规模，用期末总资产取自然对数表示
	Lev	资产负债率，用期末总负债除以总资产表示
	ROA	总资产收益率，用期末净利润除以总资产表示
	MTB	市值账面比，用企业市值与净资产之比表示
	Cash	企业现金持有水平，用现金流量表中的现金及现金等价物期末余额除以扣除现金及现金等价物的资产余额表示
	SOE	实际控制人性质虚拟变量，当企业实际控制人性质为国有时取值为 1，否则为 0
	Industry	企业所属行业，按中国证券监督管理委员会 2012 年《上市公司行业分类指引》划分
	Location	企业办公住所所在地[省（区、市）]

为了进一步验证研究假设2，本文参考肖土盛等（2020）对新冠肺炎疫情冲击程度的分类标准，按照企业办公住所所在省（区、市）的新冠肺炎确诊人数来衡量受疫情冲击程度，并将全国所有省（区、市）分为受疫情冲击程度高和受疫情冲击程度低两组。其

中，受疫情冲击程度高的省指湖北省及其周边省，具体包括湖北省、广东省、河南省、浙江省、湖南省、安徽省、江西省、山东省和江苏省，其余省（区、市）则被划入受疫情冲击程度低组。

（二）样本选择与数据来源

本文采用的财务数据来源于国泰安（CSMAR）数据库中上市公司2019年年报数据。2019年内部控制指数来源于迪博内部控制与风险管理数据库系统。企业主营业务构成数据来源于Wind数据库，在主营业务构成内进行关键字筛选，选取“互联网”“软件”“网络游戏”等与互联网相关的关键词进行筛选，如果含有“互联网”“软件”“网络游戏”等关键词时，就认为该企业主营业务构成与互联网关系紧密，取值为1，其余企业则取值为0；选取“医药”“医疗”“百货”“超市”“零售”等关键词对与主营业务与医药医疗和百货零售关系紧密的企业进行筛选，赋值方法与判断企业是否与互联网关系紧密类似。本文进一步对数据做以下处理和筛选：①估计超额收益率时，剔除估计窗口不足180个交易日的样本；②剔除回归所需变量为缺失值的样本。最终，本文共得到3 416个观测值。

五、实 证 结 果

（一）描述性统计

如表2所示，从描述性统计结果中可以发现，CAR的均值为−0.006，中位数为−0.010，这说明受新冠肺炎疫情影响，在事件窗口期内，企业的累计超额收益率普遍为负值，说明疫情的暴发对企业价值的确造成了负面影响，企业价值下降。其他控制变量的分布特征基本符合正态分布，与肖土盛等（2020）的研究结果类似。

表2　描述性统计结果

变量	观测值	均值	标准差	中位数	25 分位	75 分位
CAR	3 416	−0.006	0.061	−0.010	−0.036	0.015
IC	3 416	0.603	0.187	0.661	0.606	0.693
Size	3 416	22.383	1.462	22.185	21.384	23.119
Lev	3 416	0.457	0.573	0.428	0.280	0.587
ROA	3 416	0.004	0.565	0.033	0.011	0.064
MTB	3 416	1.923	1.794	1.477	1.147	2.059
Cash	3 416	0.189	0.229	0.123	0.066	0.223
SOE	3 416	0.313	0.464	0	0	1.000

（二）单变量分析

首先，本文对企业内部控制质量与企业价值的关系进行单变量分析。按照企业内部控制指数的中位数将样本分为高内部控制质量组（IC=1）和低内部控制质量组（IC=0）。表3列示了单变量分析结果。结果显示，高内部控制质量组在窗口期内的累计超额收益率（均值和中位数）显著高于低内部控制质量组，表明在高内部控制质量组中，内部控制质量对于企业价值的稳定效果更加明显，符合假设1的预期，说明在新冠肺炎疫情的影响下，内部控制质量高的企业对企业价值的稳定效果更明显。

表3　单变量分析结果

变量：CAR[−2,+2]	均值	中位数
低内部控制质量组（IC=0）	−0.013	−0.015
高内部控制质量组（IC=1）	0.001	−0.006
差异检验	−0.014	−0.009
	t 统计量=−7.040***	z 统计量=−8.325***

***表示显著性水平为0.01

（三）主要回归结果分析

为了分析与验证企业内部控制质量对企业市场价值的影响，本文采用模型（3）分别对假设1、假设2和假设3进行回归分析。表4列示了假设1和假设2的回归结果，第（1）列左侧为未加入控制变量的企业内部控制质量与疫情期间的累计超额收益率进行回归的结果（对应的t统计量为6.67），第（1）列右侧为加入控制变量的企业内部控制质量与疫情期间的累计超额收益率进行回归的结果（对应的t统计量为4.62），二者均在0.01的水平上存在显著的正相关关系。该结果支持了本文的假设1，即在新冠肺炎疫情影响下，企业内部控制质量越高，对于企业价值的稳定作用越明显，假设1得以验证。

表4　企业内部控制质量与累计超额收益率的回归结果

因变量：CAR[−2,+2]	（1）		（2）	
	主回归	主回归	受疫情冲击程度高组	受疫情冲击程度低组
IC	0.036 7***	0.026 3***	0.032 1***	0.003 5
	（6.67）	（4.62）	（4.03）	（0.41）
Lev	—	0.010 6**	0.018 6***	−0.025 1***
		（2.26）	（3.02）	（−3.04）
Size	—	0.004 4***	0.005 0***	0.005 3***
		（4.67）	（3.76）	（3.96）
ROA	—	0.016 9***	0.023 4***	0.026 2***
		（3.64）	（3.84）	（2.99）
SOE	—	0.000 6	−0.000 7	0.000 8
		（0.22）	（−0.20）	（0.25）
MTB	—	0.001 4**	0.002 1*	0.001 4*
		（2.12）	（1.94）	（1.76）

续表

因变量：CAR[−2,+2]	（1）		（2）	
	主回归	主回归	受疫情冲击程度高组	受疫情冲击程度低组
Cash	—	0.007 6	0.011 3	−0.000 8
		（1.61）	（1.59）	（−0.13）
Industry	—	控制	控制	控制
Location	—	控制	—	—
截距项	−0.028 2***	−0.170 0***	−0.200 0***	−0.146 0***
	（−8.11）	（−7.29）	（−6.02）	（−4.90）
样本数	3 416	3 416	1 939	1 477
调整的 R^2	0.013	0.081	0.071	0.086

***、**、*分别表示显著性水平为0.01、0.05、0.1

注：括号内为 t 值

由于受新冠肺炎疫情冲击程度不同，各地政府采取的防疫手段与措施也有所区别，本文按照受疫情冲击程度不同进行分组回归。如表4第（2）列所示，当企业办公住所所在地在受疫情冲击程度高的地区时，IC的系数为0.032 1，在0.01的水平上显著为正值，而在受疫情冲击程度低的地区，IC的系数并不显著，这说明当企业受到更为严重的疫情冲击时，内部控制质量稳定企业价值的作用更加得以体现，这一回归结果支持了假设2。

如前文所述，考虑到主营业务的构成与特点，相较其他企业来说，与互联网联系紧密的企业受到疫情的影响相对较弱，而对以医药及医疗设备、日用百货和零售商超作为主营业务的企业来说疫情甚至是“利好”消息。因此，在假设3中预期，在受疫情影响程度强的企业中，即在主营业务构成与互联网关系不紧密、与医药医疗关系不紧密、与日用百货关系不紧密的企业中，企业内部控制质量稳定企业价值的作用将更加明显。如表5第（1）~（3）列所示，在三类受疫情影响程度强的企业中，IC系数均在0.01的水平上与CAR显著正相关，表5第（4）列为将上述三类企业分入受疫情影响程度弱的一组，其余企业为受疫情影响程度强组，这一正相关关系在受疫情影响程度弱的企业中并不显著，这一结果支持了假设3，也为我国大力推进“互联网+”及数字经济的发展提供了部分经验证据支撑。

表5 不同行业的企业内部控制质量与累计超额收益率的回归结果

因变量：CAR[−2,+2]	（1）		（2）		（3）		（4）	
	与互联网关系紧密	与互联网关系不紧密	与医药医疗关系紧密	与医药医疗关系不紧密	与零售百货关系紧密	与零售百货关系不紧密	受疫情影响程度弱组	受疫情影响程度强组
IC	0.020 2	0.025 5***	0.035 8	0.028 1***	−0.034 1	0.031 6***	0.016 6	0.025 5***
	（0.82）	（4.23）	（1.08）	（4.91）	（−1.02）	（5.37）	（0.91）	（4.17）
Lev	−0.019 1	0.005 2	0.040 0	0.007 4	−0.046 9	0.008 3*	−0.009 6	0.006 2
	（−0.84）	（1.08）	（1.22）	（1.62）	（−1.36）	（1.76）	（−0.59）	（1.29）

续表

因变量：CAR[−2,+2]	(1)		(2)		(3)		(4)	
	与互联网关系紧密	与互联网关系不紧密	与医药医疗关系紧密	与医药医疗关系不紧密	与零售百货关系紧密	与零售百货关系不紧密	受疫情影响程度弱组	受疫情影响程度强组
Size	0.011 7**	0.003 9***	−0.006 2	0.004 5***	0.001 4	0.004 0***	0.003 9	0.004 4***
	(2.58)	(4.25)	(−1.24)	(5.04)	(0.21)	(4.41)	(1.30)	(4.80)
ROA	0.069 1***	0.012 0**	0.106 0*	0.014 3***	−0.042 8	0.015 3***	0.095 9***	0.012 5***
	(3.10)	(2.47)	(1.86)	(3.16)	(−0.59)	(3.25)	(4.60)	(2.61)
SOE	−0.007 0	−0.001 4	0.019 3	−0.003 1	−0.014 3	−0.001 9	0.001 9	−0.002 6
	(−0.62)	(−0.55)	(1.44)	(−1.22)	(−1.05)	(−0.72)	(0.25)	(−0.98)
MTB	0.003 6*	0.001 4*	−0.005 8	0.001 6**	0.003 9	0.001 4**	0.000 7	0.001 5**
	(1.94)	(1.95)	(−1.62)	(2.56)	(0.21)	(2.16)	(0.39)	(2.13)
Cash	−0.007 0	0.004 9	−0.026 6	0.005 4	−0.046 9	0.004 8	−0.017 3	0.005 0
	(−0.43)	(0.96)	(−0.99)	(1.15)	(−1.57)	(0.10)	(−1.29)	(0.10)
Industry	—	—	—	—	—	—	—	—
Location	控制	控制	控制	控制	控制	控制	控制	控制
截距项	−0.272 0***	−0.118 0***	0.132 0	−0.137 0***	−0.011 7	−0.124 0***	−0.089 2	−0.133 0***
	(−2.67)	(−5.60)	(1.18)	(−6.73)	(−0.07)	(−5.92)	(−1.31)	(−6.28)
样本数	252	3 164	237	3 179	76	3 340	546	2 865
调整的 R^2	0.214	0.040	0.174	0.048	0.531	0.044	0.144	0.043

***、**、*分别表示显著性水平为 0.01、0.05、0.1

注：括号内为 t 值

（四）稳健性测试

本文进行了如下稳健性测试。考虑到新冠肺炎疫情影响的持续性和广泛性，本文参考Ritter（1991）的做法，计算了从本文所定义的2020年1月20日新冠肺炎疫情暴发日到2020年4月8日疫情基本稳定期间共51个交易日的买入并持有超额收益率（BHAR），通过更长时间的窗口期来考察企业的长期市场表现，进一步验证企业内部控制质量与企业价值之间的关系。参考李馨子和肖土盛（2015），在进行长窗口期研究时，需要考虑业绩预告等信息对股票收益率的影响，因此，引入在事件窗口期内是否披露业绩预告（News）及业绩预告类型（News_Type）这两个控制变量。当在窗口期内企业披露了业绩预告，则News取值为1，否则为0；当披露的业绩预告类型为亏损时，News_Type取值为−1，盈利时取值为1，未披露时取值为0。表6分别展示了对假设1、假设2和假设3的稳健性测试，结果显示，IC的系数依然至少在0.05的水平上显著为正值且系数数值与主回归结果类似。以上结果说明，扩大事件窗口期，考察企业在疫情最严重的期间的价值并不会导致本文结论的改变，本文的结论比较稳健。

表6 稳健性测试

因变量：BHAR	假设1		假设2		假设3	
	主回归	主回归	受疫情冲击程度高组	受疫情冲击程度低组	受疫情影响程度弱组	受疫情影响程度强组
IC	0.040 0***	0.038 7***	0.045 2**	0.014 6	0.048 4	0.038 7**
	(3.07)	(2.84)	(2.38)	(0.70)	(1.26)	(2.57)
Lev	—	0.006 0	0.000 4	−0.011 5	0.029 0	−0.008 2
		(0.54)	(0.029)	(−0.58)	(0.85)	(−0.69)
Size	—	−0.006 5***	−0.004 1	−0.007 0**	−0.012 7**	−0.007 0***
		(−2.86)	(−1.28)	(−2.12)	(−1.99)	(−3.02)
ROA	—	0.007 0	0.002 8	0.012 5	0.122 0***	−0.005 2
		(0.63)	(0.19)	(0.59)	(2.79)	(−0.44)
SOE	—	−0.001 6	−0.001 0	−0.003 2	−0.024 4	−0.003 8
		(−0.26)	(−0.11)	(−0.38)	(−1.50)	(−0.59)
MTB	—	−0.004 0***	0.001 1	−0.006 1***	−0.008 4**	−0.003 0*
		(−2.63)	(0.43)	(−3.21)	(−2.43)	(−1.73)
Cash	—	−0.008 6	−0.000 4	−0.017 6	−0.002 7	−0.017 4
		(−0.76)	(−0.03)	(−1.15)	(−0.097)	(−1.40)
News	—	−0.017 4***	−0.021 4***	−0.014 2	−0.049 9***	−0.012 4**
		(−3.15)	(−3.05)	(−1.62)	(−3.36)	(−2.09)
News_Type	—	0.018 8***	0.015 8***	0.022 7***	0.021 3**	0.019 2***
		(4.70)	(3.14)	(3.41)	(2.06)	(4.38)
Industry	—	控制	控制	控制	—	—
Location	—	控制	—	—	控制	控制
截距项	−0.010 0	0.235 0***	0.094 1	0.270 0***	0.326 0**	0.199 0***
	(−1.23)	(4.14)	(1.18)	(3.65)	(2.24)	(3.72)
样本数	3 416	3 416	1 939	1 477	546	2 865
调整的 R^2	0.003	0.057	0.043	0.065	0.121	0.036

***、**、*分别表示显著性水平为0.01、0.05、0.1

注：括号内为 t 值

（五）进一步分析

本文进一步从内部治理结构和外部治理环境，即企业的实际控制人性质、企业所在省（区、市）的市场化程度及企业办公住所所在地的政府透明度三个维度，来考察不同环境下，内部控制质量与企业价值关系的差异，从而进一步完善本文结论。

1. 区分企业的实际控制人性质

本文按照企业的实际控制人性质，将所有企业分为国有控股企业与非国有控股企业两组。2006年6月，国务院国有资产监督管理委员会印发了《中央企业全面风险管理指引》，2019年11月，又印发了《关于加强中央企业内部控制体系建设与监督工作的实施意见》。这些文件旨在加强国有控股企业内部控制制度方面的建设，国有控股企业被要求建立风险管理体系。2012年8月，财政部发布《关于2012年主板上市公司分类分批实施企业内部控制规范体系的通知》，中央和地方国有控股上市公司作为首批推行对象，将执行实施内部控制规范体系的相关要求，这也从侧面说明了拥有更多资源的国有控股上市公司，能够在内部控制建设中投入更多资源，故出现内部控制缺陷的可能性相较非国有控股企业来说更低，因此内部控制相对非国有控股企业来说较为完善。现有研究也能够支持这样的推论，如齐保垒和田高良（2012）指出，由于国有控股企业会受到更为广泛的监督，其出现内部控制缺陷的可能性相对更低。

新冠肺炎疫情对不同微观个体的冲击程度不一样，根据受疫情冲击程度，非国有控股企业高于国有控股企业（罗志恒 2020）。当新冠肺炎疫情暴发后，国有控股企业整体上由于拥有更为完善的内部控制规范体系，实施规范体系的时间相对较长，抵御风险的能力较强，因此受疫情影响的程度也相对较弱。因此，当疫情暴发时，非国有控股企业总体上的内部控制制度并不如国有控股企业完善，受疫情影响的程度较强，但是内部控制质量较高的非国有控股企业更能抵御疫情的冲击。如表7第（1）列所示，在非国有控股企业组中IC与CAR存在显著的正相关关系，而在国有控股企业组中这样的关系并不显著。

表7　不同实际控制人性质、市场化程度及政府透明度的影响

因变量：	（1）		（2）		（3）	
CAR[−2,+2]	国有控股企业组	非国有控股企业组	市场化程度高组	市场化程度低组	政府透明度高组	政府透明度低组
IC	−0.003 2	0.033 5***	0.037 4***	0.000 3	0.012 3	0.024 6***
	（−0.30）	（4.84）	（4.29）	（0.032）	（1.43）	（3.12）
Lev	0.006 1	0.010 1*	0.013 8**	−0.012 3	−0.000 4	0.008 8
	（0.65）	（1.79）	（2.18）	（−1.59）	（−0.05）	（1.33）
Size	−0.001 7	0.008 1***	0.005 7***	0.004 7***	0.006 5***	0.003 0**
	（−1.21）	（6.19）	（4.00）	（3.67）	（4.69）	（2.33）
ROA	0.044 4***	0.016 1***	0.018 5***	0.038 3***	0.043 5***	0.013 5**
	（3.19）	（2.88）	（2.93）	（4.23）	（4.97）	（2.08）
SOE	—	—	0.000 1	0.001 9	−0.002 2	0.000 3
			（0.02）	（0.61）	（−0.63）	（0.10）
MTB	−0.003 5**	0.002 4***	0.002 0*	0.001 1	0.002 6**	0.001 0
	（−2.34）	（3.19）	（1.78）	（1.43）	（2.56）	（1.23）
Cash	0.012 2*	0.007 6	0.004 5	0.007 2	0.001 8	0.005 3
	（1.70）	（1.19）	（0.62）	（1.15）	（0.23）	（0.85）
Industry	控制	控制	控制	控制	控制	控制
Location	控制	控制	—	—	—	—
截距项	−0.002 0	−0.260 0***	−0.215 0***	−0.145 0***	−0.205 0***	−0.118 0***
	（−0.066）	（−7.89）	（−4.91）	（−5.17）	（−6.52）	（−3.67）
样本数	1 072	2 344	1 689	1 727	1 633	1 783
调整的 R^2	0.118	0.099	0.075	0.080	0.087	0.067

***、**、*分别表示显著性水平为 0.01、0.05、0.1

注：括号内为 t 值

2. 区分企业所在省（区、市）的市场化程度

本文按照王小鲁等（2019）对中国各省（区、市）市场化程度的评分结果，按照中位数将所有企业按照其办公住所所在省（区、市）分为市场化程度高和市场化程度低两组。在市场化程度高的组别中，市场参与资源配置的比重相对更大，而且投资者进行投资时会对企业的内部控制情况进行考虑（Ogneva et al. 2007，Kim et al. 2011，Dhaliwal et al. 2011），企业更有动机向外部投资者传递企业运营状况良好的信息，进而以更低的资本成本获得更多的资源。在市场化程度低的组别中，政府参与调控的比重更大。当新冠肺炎疫情暴发后，市场化程度高的地区的投资者在对企业未来的营利能力和风险进行重新评估时会更关注企业的内部控制质量。因此，相较市场化程度低的地区，内部控制质量稳定企业价值的作用在市场化程度高的地区更加明显。如表7第（2）列所示，市场化程度高组中的IC与CAR存在显著的正相关关系，而市场化程度低组中这样的关系并不显著。

3. 区分企业办公住所所在地的政府透明度

政府透明度是政府公信力的体现。在新冠肺炎疫情的影响下，民众的恐慌情绪会不可避免地滋生。此时，民众对当地政府发布的政策与通知是否信任、能否遵守也决定了当地疫情防控措施能否落实。在政府透明度高的地区，当地民众对政府相关政策执行力更强，能够按照要求做好防疫措施，疫情造成的冲击能够被有效遏制。在政府透明度低的地区，民众对防疫措施落实不到位，或对政府的号召没有信心，疫情对当地造成的影响势必更加严重。内部控制有助于提高企业的透明度（Arping and Sautner 2013），而且，内部控制构成要素之一“信息与沟通”能力在政府透明度低的地区将发挥更重要的作用，有助于帮助企业搜集和沟通内外部的信息，进而提升投资者对企业的信心。因此，本文按照上海财经大学公共政策研究中心（2017）发布的《中国财政透明度报告》中对各省（区、市）政府透明度的评分将所有样本分为政府透明度高和政府透明度低两组。在政府透明度低组中，CAR与IC显著正相关，但在政府透明度高组中，二者之间的关系并不显著。该结果符合预期，在政府透明度低的地区，新冠肺炎疫情造成的影响更严重，内部控制质量高的企业更能够发挥稳定企业价值的作用。

六、研究结论

内部控制的成本与收益问题一直以来是学术界和实务界讨论的焦点问题。本文采用事件研究法，以新冠肺炎疫情这一外生事件冲击为背景，研究企业内部控制质量与企业价值之间的关系。研究发现，在新冠肺炎疫情影响下，内部控制质量越高，其对稳定企业价值的作用越明显；企业内部控制质量与企业价值之间这一关系在受新冠肺炎疫情冲击程度高的地区更为显著；在按照企业主营业务受疫情影响程度进行分组时发现，相对受疫情影响程度弱的企业来说，受疫情影响程度强的企业内部控制质量与企业价值之间显著正相关。在将事件研究的窗口期扩大到疫情最为严重的时期后，研究结论依然成立。进一步的研究发现，在非国有控股企业中，内部控制质量稳定企业价值的作用比国有控股企业更显著；在市场化程度高组中，内部控制质量稳定企业价值的作用比在市场化程度低组中更显著；在政府透明度低组中，内部控制质量稳定企业价值的作用比政府透明度高组更显著。

以上结论表明企业内部控制能够有效稳定企业价值，尤其当发生重大突发事件时，内部控制在防控风险、提升绩效及风险识别与应对方面的作用能够更好地得以体现。本文的研究为内部控制的成本与收益之争提供了来自我国的经验证据，也为进一步推动以内部控制为抓手提升我国企业风险防控能力、保证经济行稳致远提供了相应的政策依据。本文的不足之处在于，没有检验更长窗口期企业价值变化的结果，以及没有进行内部控制稳定企业价值的机制检验，以上内容有待在未来的研究中进一步检验。

参考文献

陈汉文，黄轩昊. 2019. 内部控制、薪酬差距与企业价值. 厦门大学学报（哲学社会科学版），（2）：60-69.

陈艳萍，桑颖，孙爱忠. 2020. 新冠疫情对企业内部控制的影响与对策. 财会月刊，（14）：78-81.

戴文涛，纳鹏杰，马超. 2014. 内部控制能预防和降低企业风险吗？财经问题研究，（2）：87-94.

方红星，陈作华. 2015. 高质量内部控制能有效应对特质风险和系统风险吗？会计研究，（4）：70-77，96.

方红星，张志平. 2012. 内部控制质量与会计稳健性——来自深市 A 股公司 2007—2010 年年报的经验证据. 审计与经济研究，27（5）：3-10.

胡大力，高田敏文. 2016. 法律风险、内部控制质量与审计收费——来自在美上市中国公司的经验证据. 当代会计评论，9（2）：1-25.

黄政，吴国萍. 2017. 内部控制质量与股价崩盘风险：影响效果及路径检验. 审计研究，（4）：48-55.

姜国华，饶品贵. 2011. 宏观经济政策与微观企业行为——拓展会计与财务研究新领域. 会计研究，（3）：9-18，94.

李荣梅，张胜强. 2013. 内部控制与企业价值相关性研究——基于沪深证券市场上市公司的数据分析. 社会科学辑刊，（6）：126-129.

李万福，林斌，宋璐. 2011. 内部控制在公司投资中的角色：效率促进还是抑制？管理世界，（2）：81-99，188.

李馨子，肖土盛. 2015. 管理层业绩预告有助于分析师盈余预测修正吗. 南开管理评论，18（2）：30-38.

林斌，周美华，舒伟，等. 2013. 内部控制、公司诉讼和公司价值. 中国会计评论，11（4）：431-456.

刘月升，郑石桥. 2017. 内部控制缺陷认定标准：理论框架和例证分析. 会计之友，（20）：116-121.

逯东，王运陈，付鹏. 2014. CEO 激励提高了内部控制有效性吗？——来自国有上市公司的经验证据. 会计研究，（6）：66-72，97.

罗志恒. 2020. 新冠疫情对经济、资本市场和国家治理的影响及应对. 金融经济，（2）：8-15.

齐保垒，田高良. 2012. 基于财务报告的内部控制缺陷影响因素研究.管理评论，24（4）：133-140，176.

上海财经大学公共政策研究中心. 2017. 2017 中国财政透明度报告. 上海：上海财经大学出版社.

佘晓燕，白瑾瑜. 2019. 内部控制缺陷披露会导致企业内部控制执行成本增加吗？南京审计大学学报，16（4）：22-30.

宋常，徐国伟，张士强. 2014. 上市公司内部控制与企业价值. 山东社会科学，（2）：136-139.
万鹏. 习近平就防范化解重大风险提要求：既要有先手，也要有高招. http://theory.people.com.cn/n1/2019/0122/c40531-30584911.html，2019-01-22.
王蕾，郭芮佳，池国华. 2019. 银行内部控制质量如何影响信贷风险？——基于行业风险识别视角的实证分析. 中南财经政法大学学报，（4）：3-12，158.
王小鲁，樊纲，胡李鹏. 2019. 中国分省份市场化指数报告（2018）. 北京：社会科学文献出版社.
肖土盛，孙瑞琦，袁淳. 2020. 新冠肺炎疫情冲击下企业现金持有的预防价值研究. 经济管理，42（4）：175-191.
许瑜，冯均科，李若昕. 2017. CEO激励、媒体关注与内部控制有效性的关系研究. 审计与经济研究，32（2）：35-45.
杨松令，解晰，张伟. 2014. 央企控股上市公司内部控制质量与企业价值关系研究. 经济管理，36（7）：90-99.
杨有红，李宇立. 2011. 内部控制缺陷的识别、认定与报告. 会计研究，（3）：76-80.
杨子晖，陈雨恬，张平淼. 2020. 重大突发公共事件下的宏观经济冲击、金融风险传导与治理应对. 管理世界，36（5）：13-35，7.
叶陈刚，裘丽，张立娟. 2016. 公司治理结构、内部控制质量与企业财务绩效. 审计研究，（2）：104-112.
叶康涛，曹丰，王化成. 2015. 内部控制信息披露能够降低股价崩盘风险吗？金融研究，（2）：192-206.
余海宗，吴艳玲. 2015. 合约期内股权激励与内部控制有效性——基于股票期权和限制性股票的视角. 审计研究，（5）：57-67.
张瑞君，徐鑫. 2017. 母子公司统一审计与股价崩盘风险. 会计研究，（9）：76-82，97.
Alexander C，Bauguess S，Bernile G，et al. 2013. Economic effects of SOX Section 404 compliance：a corporate insider perspective. Journal of Accounting and Economics，56（2/3）：267-290.
Arping S，Sautner Z. 2013. Did SOX section 404 make firms less opaque? Evidence from cross-listed firms. Contemporary Accounting Research，30（3）：1133-1165.
Ashbaugh-Skaife H，Collins W，Kinney W，et al. 2008. The effect of SOX internal control deficiencies and their remediation on accrual quality. The Accounting Review，83（1）：217-250.
Ashbaugh-Skaife H，Collins W，Kinney W，et al. 2009. The effect of SOX internal control deficiencies on firm risk and cost of equity. Journal of Accounting Research，47（1）：1-43.
Bargeron L，Lehn M，Zutter J. 2010. Sarbanes-Oxley and corporate risk taking. Journal of Accounting and Economics，49（1）：34-52.
Cao J，Lin B，Bernile G，et al. 2020. The economic effects of mandated ICFR disclosure in China：an insider perspective. Working Paper.
Cheng Q，Goh B W，Kim J B. 2018. Internal control and operational efficiency. Contemporary Accounting Research，35（2）：1102-1139.
Dhaliwal D，Hogan C，Trezevant R，et al. 2011. Internal control disclosure，monitoring，and cost of debt. The Accounting Review，86（4）：1131-1156.
Elder R，Zhang Y，Zhou J，et al. 2009. Internal control weaknesses and client risk management. Journal of Accounting，Auditing & Finance，24（4）：543-579.
Feng M，Li C，McVay S，et al. 2015. Does ineffective internal control over financial reporting affect a firm's operations? Evidence from firms' inventory management. The Accounting Review，90（2）：529-557.
Francis J R，Ke B. 2006. Disclosure of fees paid to auditors and the market valuation of earnings surprises. Review of Accounting Studies，11（4）：495-523.
Ge W，Koester A，McVay S. 2017. Benefits and costs of Sarbanes-Oxley Section 404（b）exemption：evidence from small firms' internal control disclosures. Journal of Accounting and Economics，63（2/3）：358-384.

Goh W, Li D. 2011. Internal controls and conditional conservatism. The Accounting Review, 86 (3): 975-1005.

Hammersley J S, Myers L A, Shakespeare C. 2008. Market reactions to the disclosure of internal control weaknesses and to the characteristics of those weaknesses under Section 302 of the Sarbanes-Oxley Act of 2002. Review of Accounting Studies, 13 (1): 141-165.

Kim J, Song B Y, Zhang L. 2011. Internal control weakness and bank loan contracting: evidence from SOX Section 404 disclosure. The Accounting Review, 86 (4): 1157-1188.

Kinney W, Shepardson M. 2011. Do control effectiveness disclosures require SOX 404 (b) internal control audits? A natural experiment with small U. S. public companies. Journal of Accounting Research, 49 (2): 413-448.

Kravet T D, McVay S, Weber D P. 2018. Costs and benefits of internal control audits: evidence from M&A transactions. Review of Accounting Studies, 23 (4): 1389-1423.

Krishnan J. 2005. Audit committee quality and internal control: an empirical analysis. The Accounting Review, 80 (2): 649-675.

Li P, Shu W, Tang Q, et al. 2019. Internal control and corporate innovation: evidence from China. Asia-Pacific Journal of Accounting & Economics, 26 (5): 622-642.

Lisic L, Neal T, Zhang X, et al. 2016. CEO power, internal control quality, and audit committee effectiveness in substance versus in form. Contemporary Accounting Research, 33 (3): 1199-1237.

Ogneva M, Subramanyam K R, Raghunandan K. 2007. Internal control weakness and cost of equity: evidence from SOX Section 404 disclosures. The Accounting Review, 82 (5): 1255-1297.

Rice S, Weber D, Wu B. 2015. Does SOX 404 have teeth? Consequences of the failure to report existing internal control weaknesses. The Accounting Review, 90 (3): 1169-1200.

Ritter J R. 1991. The Long-run performance of initial public offerings. The Journal of Finance, 46(1): 3-27.

Wang F, Xu L, Zhang J, et al. 2018. Political connections, internal control and firm value: evidence from China's anti-corruption campaign. Journal of Business Research, 86: 53-67.

Internal Control Safeguards Value: A Natural Experiment Based on the Exogenous Shock of the COVID-19 Pandemic

Wei Shu[1], Weichang Chen[1], Jian Cao[2] and Bin Lin[3]

1. School of Business/The Research Center of Modern Accounting, Auditing and Finance, Xi'an University of Finance and Economics, Xi'an, Shaanxi, China 710100;

2. School of Economics and Management/The Research Center of Big Data Accounting and Decision, Harbin Institute of Technology, Shenzhen, Guangdong, China 518055;

3. School of Business, Sun Yat-sen University, Guangzhou, Guangdong, China 510275

Abstract: The costs and benefits of internal control have been at the center of the debate in both academic research and practice. The outbreak of the COVID-19 pandemic in early 2020 provides an ideal experimental environment for us to study these issues. Specifically, we use the event study methodology to study the relation between a firm's internal control quality and its stock market performance during the pandemic. We find that there is a significantly positive association between a firm's internal control quality and its cumulative abnormal stock returns during the event window. The positive association is stronger among the firms, either whose businesses or whose locating provinces are more severely affected by the pandemic. Further analysis of the internal governance structure and the external governance environment reveals that the positive association is strengthened among non-state-owned enterprises and among enterprises located in regions with a higher level of marketization or with low government transparency. This paper provides direct evidence on the cost-benefit debate of internal control, and has policy implications for further improving internal control quality of Chinese enterprises as a means of better managing business risk.

Keywords: COVID-19 pandemic; internal control; firm value; market reaction.

当代会计评论　　Contemporary Accounting Review
第14卷第1辑　　Vol.14 No.1
2021年　　2021

管理层定性信息披露与会计信息市场反应*

田高良[1]　余敏丰[1]　李星[1, 2]
（1. 西安交通大学管理学院，陕西 西安 710049；2. 香港城市大学商学院，香港 999077）

【摘要】 不同于结构化的财务报表，管理层讨论与分析（management discussion and analysis，MD&A）的内容包含了管理层对公司经营业绩和未来经营态势的分析，语言风格无固定特征。因而，其所用措辞的不同是否能被投资者感知并引起投资者的不同反应是一个很有意义的问题。本文以2014~2018年中国A股上市公司为研究对象，探讨MD&A的可读性是否会影响投资者对会计盈余信息的市场反应，并进一步探究经营复杂度和分析师盈余预测分歧度对该关系的调节作用。研究发现：①MD&A的可读性越高，会计盈余反应系数（earnings response coefficients，ERC）越强；②在经营复杂度较高和分析师盈余预测分歧度较高的情况下，MD&A与会计盈余反应的正向关系更显著。本文进一步分析了MD&A的可读性对股价同步性的影响，结果发现，MD&A的可读性越高，股价同步性越低。本文的研究可以拓展信息披露的研究边界，并为完善MD&A信息披露的指引提供经验证据。

【关键词】 管理层讨论与分析　信息披露　可读性　市场反应　股价同步性

一、引　言

为使信息披露系统更多地主动告知信息而非被动地履行信息披露义务，2003年，曾担任美国证券交易委员会主席的Harvey L. Pitt指出，未来要提升对MD&A的关注度，从

---

* 田高良，教授，E-mail：tian_gl@xjtu.edu.cn；余敏丰（通讯作者），硕士研究生，E-mail：yumingfeng233@126.com；李星，助理教授，E-mail：xings.li@xjtu.edu.cn。本文受到国家自然科学基金项目“媒体报道发挥公司治理作用的机制研究：理论分析与实证检验”（71372163）、国家自然科学基金项目“网络舆情对企业绩效与股票价格的影响机制及管理方法研究”（71672141）的资助。我们感谢《当代会计评论》的评审老师和编辑部老师在论文修改过程中给予的宝贵意见；感谢西安交通大学管理学院田高良教授及其课题组的博士研究生、李星老师在论文撰写和修改过程中给予的指导和帮助。

公司管理层的角度为投资者带来公司财务现状的分析，提供更多的"趋势信息"[①]。安然事件后，美国证券交易委员会主席也建议重新检查现有的信息披露规范，包括重新修订申报材料的MD&A部分[②]。我国在2007年出台的《上市公司信息披露管理办法》中也指出，企业定期报告和中期报告中应当包含MD&A章节。作为公司与投资者沟通的重要渠道，MD&A能够为投资者提供公司内部分析的视角，其在信息披露中的重要性受到各国监管机构的广泛关注。

MD&A的内容主要包括公司的流动性状况、资本的运营状况、特殊事项的说明、公司未来的趋势及公司面临的风险等[③]。其旨在为投资者提供内部管理层分析的视角以提高投资者对公司过去、现在和未来经营状况的理解程度。以往研究表明，MD&A的内容具有增量信息，能够影响投资者决策（Clarkson et al. 1999，Beretta and Bozzolan 2008，薛爽等 2010，Croci and Grassi 2014，李秉成等 2019）。近年来，随着文本分析技术的发展，有学者就MD&A语言特征的经济后果展开研究。研究发现，除了MD&A的内容，投资者也对内容的呈现和表达方式，即MD&A的语言特征有反应（Davis and Tama-Sweet 2012）。但该部分研究主要集中于MD&A的语调，对可读性的研究较少（陈艺云 2019，姚潇等 2020）。

事实上，不论是MD&A的内容还是语调，其能够引起不同会计盈余信息的市场反应的前提是该部分信息能够被投资者感知和理解。可读性作为会计信息质量的衡量变量之一，可以直接影响投资者对信息的理解程度。有案例表明，管理层可以通过操纵信息披露的可读性来影响投资者对企业经营状况的判断，进而对投资决策做出修正（Tan et al. 2014，逯东等 2019，周佰成和周阔 2020）。这一发现说明信息可读性对资本市场的有效运行至关重要。鉴于此，本文就MD&A的可读性与会计信息市场反应的关系展开研究，探究MD&A的"可读性"这一语言特征是否具有增量信息，能够帮助投资者更好地理解公司经营状况，从而引起投资者的不同反应。该研究既能够填补"MD&A的可读性"这一语言特征的经济后果相关研究领域的空白，又能为资本市场的有效运行提供潜在的政策建议，具有重要的理论意义和现实意义。

会计盈余信息向来被投资者用作推断公司未来现金流和公司价值的重要依据。当MD&A中包含的管理层对公司经营业绩和未来经营态势的分析能够更好地被投资者吸收时，会帮助投资者更好地理解会计数据中包含的信息，从而增强会计盈余信息的市场反应。因而，我们认为，当MD&A的可读性提升时，公司的会计信息具有更强的市场反应。本文以2014~2018年中国A股上市公司为研究对象，结合理论分析与实证检验，探讨MD&A的可读性对投资者感知会计盈余信息能力的影响。研究发现，MD&A的可读性越高，投资者对会计盈余信息的感知能力越强，市场反应越强；且该关系在经营复杂度较高和分析师预测分歧度较高的情况下更显著。我们进一步研究发现，MD&A的可读性越高，越有助于公司特质信息融入股价中，从而降低公司的股价同步性。

---

① 来源于《会计准则国际化简报》（第27期）。

② 来源于《会计准则国际化简报》（第30期）。

③ https://www.sec.gov/corpfin/cf-manual/topic-9。

本文的创新和贡献主要在于以下几点。

（1）现有研究主要集中在MD&A的内容及语调所具有的增量信息（Clarkson et al. 1999，Beretta and Bozzolan 2008，薛爽等 2010，Croci and Grassi 2014，李秉成等 2019）方面。然而，可读性作为影响投资者理解程度的重要文本特征，能够引起投资者的不同反应。本文从MD&A的可读性与盈余反应系数的角度出发，发现MD&A可读性的提高能够增强投资者对盈余信息的感知程度，这一研究能够进一步拓展MD&A的可读性及其经济后果研究领域的相关文献。

（2）目前国际上主要以研究欧美国家的文本可读性及其经济后果研究为主（Li 2008，Lehavy et al. 2011，Lo et al. 2017），鲜有学者就文本可读性对发展中国家资本市场的影响展开研究。本文以中国A股市场的上市公司为研究样本，探究MD&A的可读性在国内的会计盈余信息的市场反应，能够丰富信息披露的可读性对中国资本市场的影响相关方面的研究。

（3）以往文献大部分是从定量财务指标的角度出发，探究盈余反应系数的影响因素（Ball and Brown 1968，Beaver 1968，Barth et al. 1999，Ghosh et al. 2005，Visvanathan 2006），信息的文本特征对盈余反应系数的影响研究较少。本文研究了可读性这一文本特征对盈余反应系数的影响，丰富了盈余反应系数影响因素的研究视角。

（4）目前中国证券监督管理委员会对信息披露的行政处罚主要集中在内幕交易及重大事项错报漏报行为，但除了以上行为，我们发现MD&A的可读性能够影响会计盈余信息的市场反应。已有研究表明，目前我国上市公司MD&A信息披露质量普遍不高，存在“报喜不报忧”的情况，且程度较严重（李常青和王毅辉 2008），这一行为无疑损害了中小股东的利益及资本市场的有效性。本文的研究或许为完善信息披露制度提供了潜在的政策建议，同时为进一步完善MD&A的披露指引提供了方向。

二、文献综述和研究假设

（一）盈余反应系数的影响因素

自Ball和Brown（1968）的研究开始，越来越多的学者开始探究未预期股票回报率和未预期盈余之间的关系，而这两者之间的系数就是盈余反应系数。未预期盈余是以真实会计盈余和预测盈余的差来衡量的，因此，盈余反应系数反映了单位未预期盈余变化所对应的未预期股票回报率变化。股价变动反映了投资者对未来的预期，因此，盈余反应系数可以反映单位未预期盈余变化所对应的投资者预期变化，即市场反应。

现有文献主要集中于市场特征、公司特征和环境特征三个方面探究盈余反应系数的影响因素。在市场特征方面，Beaver（1968）、Ball和Brown（1968）研究发现，股票回报率、交易量和股价波动性均会影响盈余反应系数的变化。在公司特征方面，Barth等（1999）认为，盈利持续性更强的公司盈余反应系数的值更大。Ghosh等（2005）在此基础上进一步研究发现，当公司的盈利来源是收入增长而非成本降低时，盈余反应系数的值更高，且营业收入和收益的持续性均较强时，会计盈余的信息质量越高，盈余反应系数的值越大。Visvanathan（2006）认为，投资者在接收公司盈利信息时，会考虑企业历史经营状况，当企业过去的收入与经营活动产生的现金流的值更接近时，盈余反应系数的值越大。Riahi-Belkaoui（2002）认为，公司的跨国性越大，盈余反应系数的值越小。在环境特征方面，Kim等（2018）研究发现，在企业社会责任（corporate social responsibility，CSR）发展早期，企业社会责任（CSR）与盈余反应系数（ERC）负相关，且政治敏锐性对CSR-ERC的关系具有正向影响。Imhoff和Lobo（1992）认为，证券分析师的盈余预测分歧度越大，盈余反应系数越小。Okolie（2014）认为，审计质量越高，盈余反应系数越大，会计盈余信息的市场反应越强。Lu等（2013）研究发现，盈余公告日的天气会影响盈余反应系数，具体而言，盈余公告日的天气越差，投资者对亏损信息的反应越强，对盈利信息的反应越弱，反之则反。但这种影响在信息透明度更高的环境下较弱。

（二）MD&A的可读性与盈余反应系数

可读性是指文本信息被读者理解和感知的难易程度。可读性越高，文本信息越容易被投资者理解；否则，越难以理解。近年来，随着文本分析技术的发展，各国学者就文本信息的可读性展开研究。

早期研究主要集中于可读性的影响因素上。Li（2008）认为，造成坏消息可读性较差的原因有两个：一是本体论，即坏消息本身就难以理解，可读性差；二是混淆论，即管理层通过改变写作风格，使文本信息更晦涩难懂来隐藏坏消息。在此基础上，Lo等（2017）进一步研究发现，存在盈余管理行为的公司，混淆论比本体论更能解释文本信息可读性差的现象。此外，还有学者就公司绩效和可读性关系展开研究。Jones和Shoemaker（1994）认为，年报可读性与公司绩效无显著关系。Subramanian等（1993）认为，经营业绩好的公司与经营业绩差的公司相比，年报可读性更高。Li（2008）用Fog指数衡量文本信息的可读性，研究发现，收入较低公司的年报可读性较低，可读性较高的公司盈利的持续时间更长。其他影响因素方面，Hasan（2020）认为，高管的能力越强，年报中文字部分的可读性越高。Ginesti等（2017）研究发现，董事会成员的联系纽带可以影响MD&A部分的可读性，董事会成员的社会网络越活跃，MD&A部分的可读性越高。

除文本可读性的影响因素外，还有不少学者着手研究文本可读性对市场主体的作用。Miller（2010）研究发现，对于小型投资者而言，当年报复杂程度较高时，他们会减少交易活动。Lehavy等（2011）认为，公司年报可读性对卖方经济分析师行为有影响，可读性越低，分析师的盈利预测越不准确。Asay等（2017）认为，当财务报表的可读性较低时，投资者对外部信息的依赖程度越高。Bai等（2019）认为，年报可读性越高，股价同步性越低。崔文娟等（2019）认为，公司财务报表的可读性越高，股票回报率越高，即市场对可读性更高的财报反应越积极。Bonsall和Miller（2017）研究发现，当公司披露信息的可读性越低时，公司的债券评级越低，评级机构之间的差异越大，企业的债务成本越高。

本文认为MD&A的可读性对投资者感知会计盈余信息的能力有促进作用。根据信号传递理论，MD&A向投资者传递了公司层面的信息，当MD&A的可读性越高时，投资者的信息处理成本越低，对盈余信息的理解程度会越高，该信号越容易被投资者接收，会计盈余信息的市场反应越强烈。此外，在MD&A的可读性较高的情况下，读者处理信息的流畅度提高，而流畅度的提高会使读者在潜意识里认为这部分文本信息更可靠，进而在做出投资决策时更依赖这部分信息，引起更强烈的会计盈余信息的市场反应（Rennekamp 2012）。

假设1：MD&A的可读性越高，投资者对会计盈余信息的感知能力越强，会计盈余信息的市场反应越强。

（三）经营复杂度的影响

现有文献研究发现，公司经营复杂度越高，经营环境不确定性会越高，董事会对管理层的监督越困难，职业经理人的道德风险越大（Lehn et al. 2008）。当公司经营复杂度提升时，公司的经营业务种类繁多，在不同地区设有不同部门。由于不同部门的经营目标不一致，且不同地区的风俗习惯、文化、税率和法律等不尽相同，信息在各部门之间的表达方式和传递方式有所差异（Bushman et al. 2004）。因此，当这些信息汇集到总部时，会造成整理和理解上的困难，导致信息在公司内部之间信息的不对称性及公司内部与外部之间信息的不对称性增强。此外，Cohen和Lou（2012）研究发现，与业务单一的公司相比，投资者更难以解读相同的行业信息对横跨多个行业的公司的影响。向诚和陈逢文（2019）研究发现，投资者对跨行业公司个股层面信息的反应速度比行业相对单一的公司更慢。这可能是因为相较于业务单一的公司，投资者需要投入更多的精力来分析跨行业公司复杂的收入结构及其对公司基本面的影响。因而，如果可读性较好的MD&A信息能够帮助投资者更好地理解和评估公司未预期盈余，提高公司的盈余反应系数，那么可以预计，当公司经营复杂度更高时，可读性的作用更显著。基于此，本文提出以下假设。

假设2：经营复杂度高会降低会计盈余信息的市场反应，MD&A的可读性提高，有助于降低经营复杂度的这种不利影响。

（四）分析师盈余预测分歧度的影响

目前，分析师盈余预测分歧度和盈余反应系数的关系研究受到国内外学者的广泛关注。学界普遍认为这两者之间有着显著的负向关系，导致这种负向关系的原因有两种主流观点。一是分析师盈余预测分歧度的主要来源是会计盈余信息中的"噪声"（Imhoff and Lobo 1992）。根据定义，盈余信息中的噪声越大代表信息中含有大量与公司价值无关的信息，因此，在分析师预测分歧度越高时，会计盈余信息中的噪声含量越高，盈余反应系数越小。二是分析师预测分歧度较高会提高投资者对公司经营状况的不确定性，这种不确定性的提高会导致投资者在私有信息的收集和处理上花费更多的时间和精力，而信息搜集活动的增强会促进投资者对公司经营状况的了解程度。因此，投资者可能会降低对盈余公告日发布信息的关注程度，从而降低盈余反应系数（Abarbanell et al. 1995）。随着研究的不断深入和发展，目前学界越来越多的证据表明这种负向关系来源于盈余信息中的噪声，即盈余信息中含有大量与公司价值无关的信息（Choi et al. 2006）。

根据以上内容，我们认为，在分析师盈余预测分歧度越高时，会计盈余信息中的噪声含量越高。因此，在MD&A的内容更具可读性时，投资者的信息收集和处理成本更低，能够更清楚地理解会计盈余信息，从而对公司的基本面有更深的了解。因此，在可读性较高的情况下，MD&A能够提供更多与价值相关的信息，降低盈余信息中的噪声比例，以提高盈余反应系数。综上所述，我们可以预见，在分析师预测分歧度更高的情况下，MD&A的可读性对提升投资者的盈余感知能力有更大的作用，盈余反应系数更大。

假设3：分析师盈余预测分歧度越高，会计盈余信息的市场反应越低，MD&A的可读性提高有助于降低分析师盈余预测分歧度的这种不利影响。

三、研究设计

（一）样本选取与数据来源

上市公司的财务数据来源于CSMAR数据库，文本可读性数据来源于WinGo数据库。

本文选取了2014~2018中国所有A股上市公司为初始研究样本。之所以选择2014年作为样本起点，是因为尽管在我国，MD&A章节在2007年之后成为一个独立的章节，但关于该部分的披露指引和细则一直在商讨中。上海证券交易所先后在2011年和2012年举办了“管理层讨论与分析”披露质量的专项评价活动，完善MD&A的披露标准和实施细则。由于政策的不完备，2014年之前的数据可靠性较差，2014年之后MD&A的披露更为完善和规范，本文选取2014年作为样本区间的起点。

初始样本的年度观察数据为15 678个，本文依次对初始样本进行如下筛选：①剔除属于金融行业的公司；②剔除ST（special treatment，特别处理）和*ST的公司；③剔除相关变量出现缺失的公司。最终得到5年内共7 099个公司-年度观测值，所有的连续型变量均经过1%和99%的缩尾处理。

（二）变量选取和度量

1. 被解释变量

本文的被解释变量是累计超额收益率（cumulative abnormal return，CAR），用市场模型计算。

$$R_{i,t} = a_i + b_i R_{m,t} + \varepsilon_{i,t} \tag{1}$$

其中，$R_{i,t}$为个股t交易日的考虑现金红利再投资的日个股回报率；$R_{m,t}$为个股t交易日采用流通市值加权平均法计算的个股所在市场的考虑现金红利再投资的日市场回报率；a_i和b_i分别为截距项和斜率；$\varepsilon_{i,t}$为随机干扰项。

首先，我们利用OLS（ordinary least square，普通最小二乘）法对式（1）进行回归，估计期间为年报公告日前的250个交易日至前10个交易日，得到 a_i 和 b_i 的估计值 $\widehat{a_i}$ 和 $\widehat{b_i}$ ，超额收益率 $\widehat{\mathrm{AR}_{i,t}}$ 为实际个股收益率 $R_{i,t}$ 与预期个股收益率 $(\widehat{a_i}+\widehat{b_i}R_{m,t})$ 之差，在计算超额收益率 $\widehat{\mathrm{AR}_{i,t}}$ 后，我们再计算累计超额收益率 $\mathrm{CAR}_i(t_1,t_2)$：

$$\mathrm{CAR}_i(t_1,t_2)=\sum_{t_1}^{t_2}[R_{i,t}-(\widehat{a_i}+\widehat{b_i}R_{m,t})] \tag{2}$$

其中，$\widehat{a_i}$ 和 $\widehat{b_i}$ 为用式（1）的回归所估计出来的 a_i 和 b_i 值，估计期间为年报公告日前250个交易日至前10个交易日。我们分别对年报公告日前后连续3个交易日和5个交易日的超额收益率进行累加计算累计超额收益率CAR，即 $[t_1,t_2]$ 分别为[−3,3]和[−5,5]。这是因为不同投资者对会计盈余信息的接收、理解、反应及遗忘所需要的时间不尽相同，所以，不同的窗口期间内投资者对会计盈余信息的反应也可能不同。故本文选取两段长度不同的窗口期来计算累计超额收益率，进行检验。

2. 解释变量

1）未预期盈余

未预期盈余（EarnSup）是指实际每股盈余（EPS）和每个证券分析师当年最近一次每股盈余预测的均值（MFEPS）的差值。

$$\mathrm{EarnSup}=\mathrm{EPS}-\mathrm{MFEPS} \tag{3}$$

2）可读性

我们用文本中词对搭配顺序在语料中出现的频率来表示文本的可读性,该频率越高，文本越容易被理解，可读性越高。反之，频率越低，文本越难被理解，可读性越低。可读性（Readability）的计算公式如下：

$$\mathrm{Readability}=\frac{1}{N}\sum_{s=1}^{N}\log P_s \tag{4}$$

其中，P_s 表示句子 s 生成的概率；N 表示构成文本的句子数。概率是一个介于0~1的小数，因此我们的可读性指标是一个负数。

3. 经营复杂度

借鉴Lee（2012）和袁淳等（2010）的衡量方式，经营复杂度分别用公司部门数量（Segment）和上市公司主营业务收入占比不小于10%的行业数目（DIV_N）来表示。公司部门数量的数据通过手动整理得到；上市公司的分行业数量来源于上市公司年报中披露的分部报告信息，本文以中国证券监督管理委员会2001年4月发布的《上市公司行业分类指引》为标准来确定所涉及的行业，然后剔除占主营业务收入占比10%以下的行业，计算出行业数目（DIV_N），多元化经营的公司为DIV_N大于1的公司，专业化经营的公司为DIV_N等于1的公司。

4. 分析师盈余预测分歧度

$$FDISP = SD（FEPS）/ PRICE \quad (5)$$

参考以往文献（Lennox and Park 2006），分析师盈余预测分歧度（FDISP）为所有证券分析师当年最近一次每股盈余预测的标准差SD（FEPS）与期初股价（PRICE）的比值。

5. 控制变量

参考相关方面的文献（Lennox and Park 2006，Lee 2012，Bai et al. 2019），本文对可能影响未预期盈余（EarnSup）、未预期盈余和可读性的交乘项（EarnSup × Readability）、可读性（Readability）和累计超额收益率（CAR）的变量分别进行控制。

（1）控制与公司特征相关的变量。该类变量可能会对未预期盈余产生影响，因此要对该类变量进行控制。该类变量包括账面市值比（BTM）、资产负债率（LEV）、资本保值增值率（Growth）、普通股获利率（Returnrate）、独立董事比例（IndepRatio）、董事会规模（BoardSize）。

（2）控制影响股票流动性的变量。Kerr等（2020）研究发现，流动性强的股票比流动性弱的股票更具有信息含量。因此，要对该类变量进行控制。本文将个股平均换手率（Turnover）作为控制变量，用对应财务年度日个股成交金额和日个股流通市值比值的平均值来计算。

（3）控制影响会计盈余信息市场反应的变量。该类变量会对本文的被解释变量产生影响，因此要进行控制。该类变量主要包括：外部审计师类型（Big4），受国际“四大”会计师事务所审计取值为1，否则取值为0；审计意见类型（Opinion），1为标准无保留意见，2为保留意见，3为否定意见，4为无法发表意见，5为无保留意见加事项段，6为保留意见加事项段。

（4）控制影响MD&A的可读性的变量。该类变量主要包括公司的研发强度（R&D Intensity），一般来说，公司的研发强度越大，公司在进行信息披露时需要花费更多篇幅进行说明，可读性越低，因此，要对该类变量进行控制。

（5）控制影响经营环境稳定性的变量。经营环境的波动会对投资者反应造成影响，因此，要对该类变量进行控制。本文通过控制年报公告日前250天内个股回报率的标准差（STDRET）来控制上市公司个股回报率的波动性。

主要变量的符号与变量定义如表1所示。

表1　主要变量的符号与变量定义

变量符号	变量名称	变量定义
Panel A：因变量		
$CAR_{[-5,5]}$	[−5,5]窗口期的累计超额收益率	采用市场模型计算的[−5,5]的时间窗口期内超额收益率的和，估计期间为事件公告日的前[−250,−10]个交易日
$CAR_{[-3,3]}$	[−3,3]窗口期的累计超额收益率	采用市场模型计算的[−3,3]的时间窗口期内超额收益率的和，估计期间为事件公告日的前[−250,−10]个交易日
Panel B：自变量		
EarnSup	未预期盈余	实际每股盈余（EPS）与每个证券分析师当年最近一次每股盈余预测的均值（MFEPS）的差值
Readability	可读性	文本中词对搭配顺序在语料中出现的频率

续表

变量符号	变量名称	变量定义
Panel C：控制变量		
STDRET	个股回报率的波动性	事件公告日前 250 天内个股回报率的标准差
LME	公司规模	用公司市值的自然对数表示
BTM	账面市值比	资产总额/市值
LEV	资产负债率	负债总额 / 资产总额
Turnover	个股平均换手率（%）	日个股成交金额/日个股流通市值的平均值
Growth	资本保值增值率	所有者权益合计本期期末值/所有者权益合计本期期初值
ReturnRate	普通股获利率	每股派息税后/今收盘价本期值
Opinion	审计意见类型	1 为标准无保留意见，2 为保留意见，3 为否定意见，4 为无法发表意见，5 为无保留意见加事项段，6 为保留意见加事项段
Big4	外部审计师类型	虚拟变量，如果公司受国际“四大”会计师事务所审计则取值为 1，否则取值为 0
IndepRatio	独董比例	指独立董事占董事人数的比例
BoardSize	董事会规模	公司董事人数的自然对数值
R&D Intensity	公司的研发强度	公司的研发支出与营业收入的比值

（三）模型设计

本文借助盈余反应系数验证MD&A的可读性与会计盈余信息的市场反应之间的关系，盈余反应系数的计算模型如下：

$$\mathrm{CAR}_i(t_1,t_2)=\beta_0+\beta_1\mathrm{EarnSup}+\sum\mathrm{Ind}+\sum\mathrm{Year}+\varepsilon_{i,t} \tag{6}$$

其中，CAR和EarnSup之间的系数 β_1 为盈余反应系数的值，盈余反应系数代表累计超额收益率中可以被未预期盈余解释的部分，即投资者对公司盈余信息的理解程度。

接着，为了验证假设1，我们在式（6）中加入MD&A的Readability、可读性与未预期盈余的交乘项EarnSup × Readability和控制变量建立基础回归模型（7）：

$$\begin{aligned}\mathrm{CAR}_i(t_1,t_2)=&\beta_0+\beta_1\mathrm{EarnSup}+\beta_2\mathrm{Readability}_{i,t}+\beta_3\mathrm{EarnSup}\times\mathrm{Readability}\\&+\beta_4\mathrm{Controls}+\sum\mathrm{Ind}+\sum\mathrm{Year}+\varepsilon_{i,t}\end{aligned} \tag{7}$$

其中，交乘项系数 β_3 反映了MD&A的可读性对盈余反应系数的影响，即MD&A的可读性对投资者感知和理解会计盈余信息程度的影响。β_3 显著为正值表示MD&A的可读性越高，投资者增强了对原会计盈余信息的市场反应中未能被其理解的盈余信息部分的感知，其对盈余信息感知和理解程度越高；反之，越低。

最后，为了验证假设2和假设3是否成立，我们分别以企业经营复杂度和分析师盈余预测分歧度的行业-年度的中位数为分界线，在模型（7）的基础上进行分组回归，以检验假设2和假设3。

四、实证结果分析

（一）描述性结果分析

表2是主要变量的描述性统计分析结果。从表2可以看到，未预期盈余（EarnSup）的最小值是-3.066，最大值是2.275，差异较大，说明证券分析师对不同公司的每股盈余的预测准确度有较大差别。MD&A的可读性指标（Readability）的最小值为-36.652，最大值为-14.099，都是较低值，说明公司年报中MD&A章节的可读性较低，投资者从中获取信息的难度较大；且不同公司MD&A的可读性存在较大差异，投资者的反应也可能存在较大差异。这从侧面说明本文对MD&A的可读性与会计盈余信息的市场反应这一研究问题的重要意义。

表2 主要变量的描述性统计分析结果

变量	均值	标准差	最小值	下四分位数	中位数	上四分位数	最大值
$CAR_{[-5,5]}$	−0.005	0.094	−0.286	−0.056	−0.008	0.042	0.316
$CAR_{[-3,3]}$	−0.004	0.074	−0.220	−0.044	−0.007	0.034	0.237
EarnSup	−0.126	0.302	−3.066	−0.180	−0.067	0.001	2.275
Readability	−23.594	4.648	−36.652	−26.462	−23.257	−20.345	−14.099
STDRET	0.031	0.013	0.012	0.022	0.028	0.038	0.071
LME	22.828	1.069	20.908	22.084	22.701	23.436	26.127
BTM	0.580	0.244	0.092	0.392	0.571	0.760	1.123
LEV	0.423	0.210	0.059	0.254	0.408	0.576	0.942
Turnover	0.034	0.034	0.002	0.012	0.022	0.042	0.177
Growth	1.227	0.472	0.402	1.018	1.075	1.220	3.709
ReturnRate	0.008	0.010	0	0	0.004	0.010	0.055
Opinion	0.958	0.202	0	1.000	1.000	1.000	1.000
Big4	0.050	0.219	0	0	0	0	1.000
IndepRatio	0.376	0.056	0	0.333	0.364	0.429	0.800
BoardSize	2.119	0.201	1.099	1.946	2.197	2.197	2.890
R&D Intensity	0.044	0.044	0	0.017	0.035	0.053	0.253

（二）多元回归分析

为进一步考察MD&A的可读性对盈余反应系数的影响，我们进行了多元回归分析（表3）。同时，为检验经营复杂度和分析师盈余预测分歧度对MD&A的可读性和盈余反应系数的关系的调节作用，本文进行了分组回归。

表3　MD&A的可读性与市场反应检验结果

因变量	(1) $CAR_{[-3,3]}$	(2) $CAR_{[-5,5]}$
EarnSup × Readability	0.001***	0.002***
	(3.26)	(2.95)
EarnSup	0.035***	0.045***
	(3.77)	(3.13)
Readability	0	−0
	(0.46)	(−0.78)
STDRET	−2.051***	−3.137***
	(−12.15)	(−16.27)
LME	−0.001	−0.004**
	(−0.84)	(−2.52)
BTM	−0.017***	−0.012***
	(−5.56)	(−2.91)
LEV	0.009	0.015**
	(1.51)	(2.62)
Turnover	−0.011	0.025
	(−0.25)	(0.58)
Growth	0.001	0
	(0.38)	(0.03)
ReturnRate	0.285***	0.264***
	(3.54)	(3.72)
Opinion	0.016*	0.030**
	(1.86)	(2.48)
Big4	−0.003*	−0.004
	(−1.75)	(−1.68)
IndepRatio	−0.037**	−0.034
	(−2.40)	(−1.25)
BoardSize	−0.010***	−0.014***
	(−3.16)	(−3.58)
R&D Intensity	0.042**	0.076*
	(2.45)	(1.90)
截距项	0.118***	0.191***
	(3.71)	(4.94)
样本量	7 099	7 099
调整的 R^2	0.080	0.104
行业固定效应	控制	控制
年份固定效应	控制	控制

***、**、*分别表示显著性水平（双尾）为 0.01、0.05、0.1

注：括号内为 t 值，估计采用稳健标准误，误差项在行业层面聚类

1. MD&A的可读性与盈余反应系数关系检验

多元回归分析的结果见表3。其中，表3中模型（1）的被解释变量为[−3,3]的窗口期，模型（2）的被解释变量为[−5,5]的窗口期。这两个模型均控制了行业与年份固定效应。由模型（1）和模型（2）可知，在控制行业与年份固定效应后，无论窗口期长短，累计超额收益率（CAR）与交乘项（EarnSup × Readability）的系数在0.01的水平上显著为正值，这说明MD&A的可读性越高，盈余反应系数越高。进一步分析表3中控制变量的系数，模型（1）和模型（2）中，公司规模（LME）与累计超额收益率（CAR）的系数为负值，且模型（2）中公司规模与累计超额收益率的系数在0.05的水平上显著为负值；账面市值比（BTM）与累计超额收益率（CAR）的系数在0.01的水平上显著为负值，这与Lee（2012）的研究结果一致，即在公司规模较大和成长机会较少的情况下，公司盈余和股票回报之间的关系更弱。在模型（1）和模型（2）中，外部审计师类型（Big4）与累计超额收益率（CAR）的系数为负值，且模型（1）中的系数在0.1的水平上显著为负值，这可能是因为审计师能够降低管理层与股东之间的信息不对称性，遏制盈余操纵等行为。该遏制效应随着审计质量的提升而增强，由于国际“四大”会计师事务所的审计质量通常情况下更高，被审计客户更难以通过盈余操纵手段来刺激市场，从而难以获得较高的未预期盈余，相应地，会计盈余信息的市场反应也更弱（Becker et al. 1998）。同时，不单单是本文，已有文献，如Louis（2005）也发现Big4与CAR之间的负相关关系，并提出非国际“四大”会计师事务所审计师的客户拥有更多空间披露私有信息。

该统计结果验证了假设1，说明MD&A的可读性的提高可以增强投资者对会计盈余信息的反应。这一方面可能是因为可读性的提高增强了投资者对公司基本面的理解程度和阅读速度，所以会有更强烈的市场反应；另一方面可能是因为可读性的提高会提升投资者对于该类信息的信任度，并依此做出反应，从而提升投资者对会计盈余信息的反应。

2. 经营复杂度的调节效应

表4检验的是经营复杂度对MD&A可读性和盈余反应系数的关系的调节效应。为检验经营复杂度对该关系的调节效应，本文采用分组回归的方法，以公司部门数量（Segment）的行业−年度中位数为分界线，低于该分界线的为经营复杂度较低组（Low），而高于或等于该分界线的为经营复杂度较高组（High）①。表4的模型（1）和模型（3）均为经营复杂度较低组，CAR的窗口期分别为[−3,3]和[−5,5]。模型（2）和模型（4）均为经营复杂度较高组，CAR的窗口期分别为[−3,3]和[−5,5]。模型（1）和模型（3）表明，在经营复杂度较低的情况下，无论窗口期长短，CAR和交乘项（EarnSup × Readability）的系数并不显著；模型（2）和模型（4）表明，在经营复杂度较高的情况下，无论窗口期长短，CAR与交乘项（EarnSup × Readability）的系数均为正值，且在0.01的水平上显著。这说明经营复杂度越高，投资者越难从公司的经营业务中做出预测，MD&A中的信

① 参照袁淳等（2010）的文献，本文将样本分为行业数目（DIV_N）大于 1 的多元化经营的公司（COM）和等于 1 的专业化经营的公司（NOCOM），并进行分组回归，回归结果依然支持假设 2，即经营复杂度高会降低会计盈余信息的市场反应，MD&A 的可读性提高，有助于降低经营复杂度的这种不利影响。受篇幅限制，该检验回归结果不在文章中显示。

息可读性越高，越能引起投资者的反应，进一步验证了假设2。

表4 经营复杂度的调节作用检验结果

因变量	经营复杂度			
	（1）	（2）	（3）	（4）
	Low	High	Low	High
	$CAR_{[-3,3]}$	$CAR_{[-3,3]}$	$CAR_{[-5,5]}$	$CAR_{[-5,5]}$
EarnSup × Readability	0.001	0.002^{***}	−0	0.003^{***}
	（0.88）	（3.84）	（−0.04）	（3.38）
EarnSup	0.031	0.043^{***}	0.006	0.068^{***}
	（1.33）	（4.49）	（0.29）	（3.83）
Readability	−0	0^{**}	−0	0
	（−0.71）	（2.31）	（−0.97）	（0.87）
STDRET	-2.320^{***}	-1.710^{***}	-3.545^{***}	-2.644^{***}
	（−14.20）	（−10.26）	（−13.71）	（−15.97）
LME	−0.001	-0.002^{**}	−0.004	-0.004^{**}
	（−0.17）	（−2.25）	（−0.98）	（−2.63）
BTM	-0.015^{**}	-0.016^{***}	−0.011	−0.012
	（−2.83）	（−4.26）	（−1.65）	（−1.71）
LEV	0.014	0.006	0.017	0.014
	（1.37）	（0.77）	（1.21）	（1.50）
Turnover	0.080	-0.117^{***}	0.165^{*}	−0.135
	（1.29）	（−5.94）	（1.83）	（−1.61）
Growth	-0.007^{**}	0.005^{**}	-0.009^{*}	0.006^{**}
	（−2.34）	（2.39）	（−2.08）	（2.23）
ReturnRate	0.305^{**}	0.271^{*}	0.291^{**}	0.246^{**}
	（2.45）	（2.06）	（2.29）	（2.38）
Opinion	0.034^{*}	0.012	0.061^{***}	0.022
	（2.03）	（1.49）	（3.21）	（1.61）
Big4	0.000	-0.005^{*}	0.007^{*}	-0.008^{*}
	（0.03）	（−2.04）	（1.82）	（−2.00）
IndepRatio	-0.076^{**}	−0.014	−0.067	−0.013
	（−2.37）	（−0.77）	（−1.60）	（−0.48）
BoardSize	-0.027^{***}	−0.001	-0.020^{*}	−0.011
	（−4.49）	（−0.22）	（−1.84）	（−1.29）
R&D Intensity	0.071^{*}	0.025	0.160^{***}	0.021
	（1.81）	（1.11）	（3.12）	（0.55）
截距项	0.131	0.110^{***}	0.190^{**}	0.187^{***}
	（1.66）	（3.89）	（2.40）	（4.46）
样本量	2 622	4 398	2 622	4 398
调整的 R^2	0.123	0.053	0.156	0.069
行业固定效应	控制	控制	控制	控制
年份固定效应	控制	控制	控制	控制

***、**、*分别表示显著性水平（双尾）为 0.01、0.05、0.1

注：括号内为 t 值，估计采用稳健标准误，误差项在行业层面聚类

3. 分析师盈余预测分歧度的调节效应

表5检验的是分析师盈余预测分歧度对MD&A可读性和盈余反应系数的关系的调节效应。为检验分析师盈余预测分歧度对该关系的调节效应，本文采用分组回归的方法，同样以分析师盈余预测分歧度的行业-年度中位数为分界线，低于该分界线的为分析师盈余预测分歧度较低组（Low），而高于或等于该分界线的为分析师盈余预测分歧度较高组（High）。表5的模型（1）和模型（3）均是分析师盈余预测分歧度较低组，CAR的窗口期分别为[−3，3]和[−5，5]。模型（2）和模型（4）均为分析师盈余预测分歧度较高组，CAR的窗口期分别为[−3，3]和[−5，5]。模型（1）和模型（3）表明，在分析师盈余预测分歧度较低的情况下，CAR和交乘项（EarnSup × Readability）的系数为负值；模型（2）和模型（4）表明，在分析师盈余预测分歧度较高的情况下，CAR与交乘项（EarnSup × Readability）的系数均为正值，且分别在0.01和0.05的水平上显著。这说明在分析师盈余预测分歧度较高时，MD&A的可读性能发挥更大作用，进一步验证了假设3。

表5 分析师盈余预测分歧度的调节作用检验结果

因变量	分析师盈余预测分歧度			
	（1）	（2）	（3）	（4）
	Low	High	Low	High
	$CAR_{[-3,3]}$	$CAR_{[-3,3]}$	$CAR_{[-5,5]}$	$CAR_{[-5,5]}$
EarnSup × Readability	−0.001	0.002***	−0.001	0.003**
	（−0.44）	（3.46）	（−0.53）	（2.74）
EarnSup	−0.013	0.057***	−0.027	0.079**
	（−0.21）	（3.19）	（−0.45）	（2.80）
Readability	0	0	−0	0
	（0.65）	（0.54）	（−0.55）	（0.22）
STDRET	−1.943***	−1.578***	−3.059***	−2.656***
	（−5.51）	（−9.85）	（−9.03）	（−10.69）
LME	−0.002	−0.001	−0.004**	−0.003
	（−0.93）	（−0.30）	（−2.20）	（−0.89）
BTM	−0.018**	−0.018**	−0.021**	−0.006
	（−2.71）	（−2.29）	（−2.39）	（−0.90）
LEV	0.010	0.007	0.016	0.010
	（1.05）	（0.71）	（0.78）	（0.71）
Turnover	−0	−0.082	0.060	−0.035
	（−0）	（−1.02）	（1.16）	（−0.44）
Growth	0.002	−0.002	0.003	−0.004
	（0.40）	（−0.71）	（0.76）	（−1.06）
ReturnRate	0.224*	0.351**	0.272**	0.304
	（1.96）	（2.12）	（2.22）	（1.70）
Opinion	0.033**	0.008	0.045**	0.023
	（2.66）	（0.46）	（2.48）	（1.01）

续表

因变量	分析师盈余预测分歧度			
	(1)	(2)	(3)	(4)
	Low	High	Low	High
	$CAR_{[-3,3]}$	$CAR_{[-3,3]}$	$CAR_{[-5,5]}$	$CAR_{[-5,5]}$
Big4	0.002	−0.007*	0.002	−0.009
	(0.55)	(−1.87)	(0.23)	(−1.46)
IndepRatio	−0.008	−0.062***	−0.018	−0.035
	(−0.63)	(−3.51)	(−0.86)	(−1.22)
BoardSize	0.001	−0.015**	−0.012	−0.012
	(0.12)	(−2.72)	(−1.54)	(−1.69)
R&D Intensity	0.074**	0.039	0.078	0.108**
	(2.13)	(1.31)	(1.09)	(2.77)
截距项	0.078*	0.129***	0.165***	0.176***
	(1.88)	(3.44)	(3.20)	(3.10)
样本量	3 076	3 092	3 076	3 092
调整的 R^2	0.073	0.058	0.097	0.074
行业固定效应	控制	控制	控制	控制
年份固定效应	控制	控制	控制	控制

***、**、*分别表示显著性水平（双尾）为0.01、0.05、0.1

注：括号内为 t 值，估计采用稳健标准误，误差项在行业层面聚类

（三）稳健性检验

虽然本文从多个层面进行了理论分析，并通过实证检验方法对假设进行了验证，但由于实验模型及实验方法还存在缺陷，本文的结论也可能存在误差。因此，本文从两个方面进行稳健性检验，以降低误差给结论带来的偏误。

1. 扩展样本期间为2012~2018年

在主假设中，我们选择以2014~2018年为样本期间，这主要是因为2014年之后，MD&A的披露更加详尽和规范。为进一步检验该结论的适用性，我们扩展样本年度期间为2012~2018年，之所以拓展至2012年，是因为2011年9月财政部发布了关于印发《会计改革与发展“十二五”规划纲要》的通知，2012年我国的会计政策发生重大变化，而会计准则对收入的确认有重要影响，故市场在理解未预期盈余时可能会有系统性差异，为了避免这一差异对结果可能产生的影响，我们选择以2012年为起点。检验结果如表6所示，模型（1）和模型（2）是扩展样本期间之后的检验结果，从结果可以看出，在拓展样本区间为2012~2018年后，累计超额收益率（CAR）和交乘项（EarnSup × Readability）在0.01的水平上显著正相关，说明在拓展样本区间的情况下，MD&A的可读性依然可以促进投资者对会计盈余信息的理解，假设1成立。

表6 稳健性检验结果

因变量	检验方式			
	(1)	(2)	(3)	(4)
	拓展样本期间为2012~2018年	拓展样本期间为2012~2018年	改变未预期盈余的衡量方式	改变未预期盈余的衡量方式
	$CAR_{[-3,3]}$	$CAR_{[-5,5]}$	$CAR_{[-3,3]}$	$CAR_{[-5,5]}$
EarnSup × Readability	0.001***	0.002***		
	(3.37)	(3.07)		
EarnSup	0.033***	0.042***		
	(3.87)	(3.34)		
UE × Readability			0.001***	0.001***
			(3.56)	(4.25)
UE			0.020***	0.029***
			(3.55)	(3.68)
Readability	−0	−0*	0	−0
	(−0.13)	(−1.77)	(0.88)	(−0.62)
STDRET	−1.911***	−2.875***	−0.375**	−0.745***
	(−13.14)	(−19.37)	(−2.16)	(−4.73)
LME	−0.001	−0.003**	−0.002*	−0.005***
	(−0.87)	(−2.74)	(−1.83)	(−4.85)
BTM	−0.016***	−0.012***	−0.004	−0.002
	(−7.32)	(−4.06)	(−1.15)	(−0.31)
LEV	0.006	0.011**	−0	0.005
	(1.19)	(2.13)	(−0.01)	(0.69)
Turnover	−0.025	0.005	−0.135***	−0.152**
	(−0.63)	(0.12)	(−3.89)	(−2.83)
Growth	0.001	−0	0.003	0.003
	(0.42)	(−0.12)	(1.42)	(1.51)
ReturnRate	0.284***	0.248***	0.422***	0.517***
	(4.11)	(4.66)	(4.86)	(7.23)
Opinion	0.014*	0.025**	0.015***	0.018**
	(1.90)	(2.64)	(2.89)	(2.35)
Big4	−0.001	−0.002	0.001	0.002
	(−0.53)	(−0.99)	(0.45)	(1.57)
IndepRatio	−0.022	−0.020	−0.043**	−0.039
	(−1.45)	(−0.93)	(−2.33)	(−1.58)
BoardSize	−0.006*	−0.011***	−0.006*	−0.008**
	(−1.93)	(−3.59)	(−1.98)	(−2.24)
R&D Intensity	0.037***	0.055*	0.058***	0.067*
	(3.41)	(1.99)	(4.73)	(1.78)
截距项	0.082***	0.143***	0.081***	0.156***
	(3.02)	(4.47)	(3.56)	(6.33)

续表

因变量	检验方式			
	（1） 拓展样本期间为2012~2018年 $CAR_{[-3,3]}$	（2） 拓展样本期间为2012~2018年 $CAR_{[-5,5]}$	（3） 改变未预期盈余的衡量方式 $CAR_{[-3,3]}$	（4） 改变未预期盈余的衡量方式 $CAR_{[-5,5]}$
样本量	9 348	9 348	8 124	8 124
调整的 R^2	0.069	0.089	0.023	0.026
行业固定效应	控制	控制	控制	控制
年份固定效应	控制	控制	控制	控制

***、**、*分别表示显著性水平（双尾）为 0.01、0.05、0.1

注：括号内为 t 值，估计采用稳健标准误，误差项在行业层面聚类

2. 改变未预期盈余的衡量方式

本文采用实际每股盈余（EPS）与每个证券分析师当年最近一次每股盈余预测的均值（MFEPS）的差值来反映未预期盈余。实际上，EPS的增长也被用来衡量未预期盈余。因此，我们采用每股盈余的增长（UE）来衡量未预期盈余，以检验结论的可靠性。UE的计算为本期EPS和上一期EPS的差值。检验结果如表6所示，模型（3）和模型（4）是改变未预期盈余的衡量方式后的检验结果，从结果可以看出，在改变未预期盈余的衡量方式后，累计超额收益率（CAR）和交乘项（UE × Readability）的系数在0.01的水平上显著正相关，这说明在改变未预期盈余的衡量方式后，结论依然成立，即MD&A的可读性提高能够促进投资者对会计盈余信息的感知能力。

五、进一步分析

经过前文分析，本文得到MD&A的可读性可以增强投资者对会计盈余信息的感知和理解程度的结论，且该增强效应在经营复杂度较高和分析师盈余预测分歧度较高的情况下尤其突出。进一步地，本文认为MD&A的可读性提高后，投资者对公司特征信息的理解程度提高，这更有利于公司基本面信息融入股价中。因此，MD&A的可读性越高，公司基本面信息融入股价中的比例越高，股价同步性越低。为检验这一推理是否成立，本文对其进行了实证检验。

参考相关文献（冯晓晴等 2020），股价同步性的计算模型如下：

$$\begin{aligned}\text{RET}_{i,t} = {} & \alpha_0 + \alpha_1\text{MARKET}_{i,t} + \alpha_2\text{MARKET}_{i,t-1} + \alpha_3\text{INDRET}_{i,t} \\ & + \alpha_4\text{INDRET}_{i,t-1} + \varepsilon_{i,t}\end{aligned} \tag{8}$$

其中，RET是公司 i 第 t 周考虑现金红利再投资的收益率；MARKET是所有A股上市公司第t周经流通市值加权的平均收益率；INDRET是公司i所在行业第t周的资产组合（不包括公司i）经流通市值加权的平均收益率。由式（8）回归得到每个公司每年的拟合优度R^2，

为大于0小于1的数。为保证变量呈正态分布，本文将其代入式（9）进行对数转换，得到的值即股价同步性测度指标SYN。SYN越大，表明单个公司股票价格的变动与市场和行业平均股价变动之间的关联性越大，股价同步性越高。

$$\mathrm{SYN} = \ln[R^2/(1-R^2)] \tag{9}$$

为检验MD&A的可读性对股价同步性的影响，本文建立了回归模型（10）:

$$\mathrm{SYN}_{i,t} = \alpha_0 + \alpha_1 \mathrm{Readability}_{i,t} + \alpha_2 \mathrm{Controls}_{i,t} + \varepsilon_{i,t} \tag{10}$$

其中，SYN为股价同步性；Readability为MD&A的可读性；Controls为控制变量。数据样本为2014~2018年我国A股上市公司，在依次剔除属于金融行业的公司、ST和*ST的公司、数据不完全的公司后，最终得到8 257个公司-年度观测样本。

应用固定效应模型，表7报告了MD&A的可读性对股价同步性的影响，其中，模型（1）是未加入控制变量的行业与年份固定效应模型；模型（2）是在模型（1）的基础上加入控制变量后的行业与年份固定效应模型。由表7的模型（1）和模型（2）可知，MD&A的可读性与股价同步性的系数在0.01的水平上显著为负值，这说明MD&A的可读性越高，越有助于公司特征信息融入股价中，股价同步性越低，资本市场的效率越高。

表7 MD&A的可读性对股价同步性的影响

因变量	（1）	（2）
	SYN	SYN
Readability	−0.024***	−0.009***
	（−5.65）	（−4.25）
STDRET		19.833***
		（8.13）
LME		0.691***
		（19.27）
BTM		−0.750***
		（−8.78）
LEV		−0.566***
		（−6.38）
Turnover		−3.515***
		（−8.48）
Growth		−0.097***
		（−3.61）
ReturnRate		0.224
		（0.12）
Opinion		0.139
		（1.68）
Big4		0.067
		（0.86）

续表

因变量	(1) SYN	(2) SYN
IndepRatio		0.212
		(0.49)
BoardSize		0.053
		(0.51)
R&D Intensity		1.324***
		(3.98)
截距项	−0.034	−15.356***
	(−0.35)	(−13.99)
样本量	13 670	8 257
调整的 R^2	0.084	0.370
行业固定效应	控制	控制
年份固定效应	控制	控制

***表示显著性水平（双尾）为 0.01

注：括号内为 t 值，估计采用稳健标准误，误差项在行业层面聚类

六、结论与展望

本文通过考察2014~2018年我国A股上市公司的MD&A的可读性和会计信息市场反应的关系，结果发现，从总体上看，MD&A的可读性越高，投资者对会计盈余信息的反应越强。从不同侧面来看，经营复杂度和分析师盈余预测分歧度均会对这种关系产生调节作用。具体来说，当经营复杂度越高时，投资者越难以从公司现有业务中推测未来的经营状况，MD&A中的前瞻性信息越有作用，市场反应越强。在分析师盈余预测分歧度较高的情况下，会计盈余信息中的噪声越大，MD&A的可读性越能够发挥作用，市场反应越强。进一步地，本文还探讨了MD&A的可读性对股价同步性的影响，结果发现MD&A的可读性越高，股价同步性越低，说明文本信息可读性的提高能够促进公司基本面信息融入股价，资本市场越有效率。

基于以上结论，本文认为，政府在现有信息披露政策的基础上，不仅要强调信息的真实公允，还要强调信息的可读性，即信息是否能够被投资者理解；不仅要对提高可读性给出大概轮廓，还要将该概念提纲具体化、细节化，让公司有切实可行的参考标准；此外，MD&A能够提供前瞻性信息，这部分章节对投资者尤其重要。因此，政府监管机构应该对MD&A的信息披露提供更加完善的指引。

参 考 文 献

陈艺云. 2019. 基于信息披露文本的上市公司财务困境预测：以中文年报管理层讨论与分析为样本的研究. 中国管理科学，27（7）：23-34.
崔文娟，郝佳赫，盖亚洁. 2019. 财务报表可读性对股票收益率的影响. 会计之友，（14）：52-57.
冯晓晴，文雯，何瑛. 2020. 控股股东股权质押会损害资本市场信息效率吗？——来自股价同步性的经验证据. 审计与经济研究，35（1）：79-89.
李秉成，苗霞，聂梓. 2019. MD&A 前瞻性信息能提升财务危机预测能力吗——基于信号传递和言语有效理论视角的实证分析. 山西财经大学学报，41（5）：108-124.
李常青，王毅辉. 2008. "管理层讨论与分析" 信息披露研究——来自中国机构投资者的问卷调查.当代会计评论，1（2）：25-38.
逯东，余渡，杨丹. 2019. 财务报告可读性、投资者实地调研与对冲策略. 会计研究，（10）：34-41.
向诚，陈逢文. 2019. 投资者有限关注、公司业务复杂度与盈余惯性. 管理评论，31（1）：212-223.
薛爽，肖泽忠，潘妙丽. 2010. 管理层讨论与分析是否提供了有用信息？——基于亏损上市公司的实证探索. 管理世界，（5）：130-140.
姚潇，吴冬晓，庞守林. 2020. 基于文本挖掘的管理层语调对公司债券信用利差的影响. 经济理论与经济管理，40（3）：99-112.
袁淳，刘思淼，陈玥. 2010. 大股东控制、多元化经营与现金持有价值. 中国工业经济，（4）：141-150.
周佰成，周阔. 2020. 招股说明书可读性影响 IPO 抑价了吗？外国经济与管理，42（3）：104-117，135.
Abarbanell J S，Lanen W N，Verrecchia R E. 1995. Analysts' forecasts as proxies for investor beliefs in empirical research. Journal of Accounting and Economics，20（1）：31-60.
Asay H S，Elliott W B，Rennekamp K. 2017. Disclosure readability and the sensitivity of investors' valuation judgments to outside information. The Accounting Review，92（4）：1-25.
Bai X，Dong Y，Hu N. 2019. Financial report readability and stock return synchronicity. Applied Economics，51（4）：346-363.
Ball R，Brown P. 1968. An empirical evaluation of accounting income numbers. Journal of Accounting Research，6（2）：159-178.
Barth M E，Elliott J A，Finn M W. 1999. Market rewards associated with patterns of increasing earnings. Journal of Accounting Research，37（2）：387-413.
Beaver W H. 1968. The information content of annual earnings announcements. Journal of Accounting Research，6：67-92.
Becker C L，Defond M L，Jiambalvo J，et al. 1998. The effect of audit quality on earnings management. Contemporary Accounting Research，15（1）：1-24.
Beretta S，Bozzolan S. 2008. Quality versus quantity：the case of forward-looking disclosure. Journal of Accounting，Auditing & Finance，23（3）：333-376.
Bonsall S B I V，Miller B P. 2017. The impact of narrative disclosure readability on bond ratings and the cost of debt. Review of Accounting Studies，22（2）：608-643.
Bushman R，Chen Q，Engel E，et al. 2004. Financial accounting information，organizational complexity and corporate governance systems. Journal of Accounting & Economics，37（2）：167-201.

Choi J H, Kang T, Yoo Y K. 2006. The association between analysts' earnings forecast dispersion and the magnitude of earnings response coefficient: "noise" or "uncertainty"? Journal of Contemporary Accounting & Economics, 2 (2): 190-207.

Clarkson P M, Kao J L, Richardson G D. 1999. Evidence that management discussion and analysis (MD&A) is a part of a firm's overall disclosure package. Contemporary Accounting Research, 16 (1): 111-134.

Cohen L, Lou D .2012. Complicated firms. Journal of Financial Economics, 104 (2): 383-400.

Croci E, Grassi R. 2014. The economic effect of interlocking directorates in Italy: new evidence using centrality measures. Computational and Mathematical Organization Theory, 20 (1): 89-112.

Davis A K, Tama-Sweet I. 2012. Managers' use of language across alternative disclosure outlets: earnings press releases versus MD&A. Contemporary Accounting Research, 29 (3): 804-837.

Ghosh A, Gu Z, Jain P C. 2005. Sustained earnings and revenue growth, earnings quality, and earnings response coefficients. Review of Accounting Studies, 10 (1): 33-57.

Ginesti G, Sannino G, Drago C. 2017. Board connections and management commentary readability: the role of information sharing in Italy. Corporate Governance, 17 (1): 30-47.

Hasan M M. 2020. Readability of narrative disclosures in 10-K reports: does managerial ability matter? European Accounting Review, 29 (1): 147-168.

Imhoff E A, Jr., Lobo G J. 1992. The effect of ex ante earnings uncertainty on earnings response coefficients. The Accounting Review, 67 (2): 427-439.

Jones M J, Shoemaker P A. 1994. Accounting narratives: a review of empirical studies of content and readability. Journal of Accounting Literature, 13: 142-184.

Kerr J, Sadka G, Sadka R. 2020. Illiquidity and price informativeness. Management Science, 66(1): 334-351.

Kim Y C, Seol I, Kang Y S. 2018. A study on the earnings response coefficient (ERC) of socially responsible firms: legal environment and stages of corporate social responsibility . Management Research Review, 41 (91): 1010-1032.

Lee Y J. 2012. The effect of quarterly report readability on information efficiency of stock prices. Contemporary Accounting Research, 29 (4): 1137-1170.

Lehavy R, Li F, Merkley K. 2011. The effect of annual report readability on analyst following and the properties of their earnings forecasts. The Accounting Review, 86 (3): 1087-1115.

Lehn K, Patro S, Zhao M. 2008. Determinants of the Size and Structure of Corporate Boards: 1935—2000. St. Louis: Federal Reserve Bank of St. Louis.

Lennox C S, Park C W. 2006. The informativeness of earnings and management's issuance of earnings forecasts. Journal of Accounting & Economics, 42 (3): 439-458.

Li F. 2008. Annual report readability, current earnings, and earnings persistence. Journal of Accounting & Economics, 45 (2/3): 221-247.

Lo K, Ramos F, Rogo R. 2017. Earnings management and annual report readability. Journal of Accounting and Economics, 63 (1): 1-25.

Louis H. 2005. Acquirers' abnormal returns and the non-Big4 auditor clientele effect. Journal of Accounting and Economics, 40 (1): 75-99.

Lu C J, Chin C L, Chang Y. 2013. Weather effects on earnings response coefficients: international evidence. Asia-Pacific Journal of Accounting & Economics, 20 (3): 315-333.

Miller B P. 2010. The Effects of Reporting Complexity on Small and Large Investor Trading. The Accounting Review, 85 (6): 2107-2143.

Okolie A O. 2014. Audit quality and earnings response coefficients of quoted companies in Nigeria. Journal of Applied Finance and Banking, 4 (2): 1-10.

Rennekamp K. 2012. Processing fluency and investors' reactions to disclosure readability. Journal of Accounting Research, 50（5）: 1319-1354.

Riahi-Belkaoui A. 2002. The effects of multinationality on earnings response coefficients. Managerial Finance, 28（3）: 97-106.

Subramanian R, Insley R G, Blackwell R D. 1993. Performance and readability: a comparison of annual reports of profitable and unprofitable corporations. The Journal of Business Communication（1973）, 30（1）: 49-61.

Tan H T, Ying Wang E, Zhou B O. 2014. When the use of positive language backfires: the joint effect of tone, readability, and investor sophistication on earnings judgments. Journal of Accounting Research, 52（1）: 273-302.

Visvanathan G. 2006. An empirical investigation of 'closeness to cash' as a determinant of earnings response coefficients. Accounting and Business Research, 36（2）: 109-120.

Management Qualitative Information Disclosure and Market Reaction to Accounting Information

Gaoliang Tian[1], Minfeng Yu[1] and Xing Li[1, 2]

1. School of Management, Xi'an Jiaotong University, Xi'an, Shaanxi, China 710049;

2. School of business, City University of Hong Kong, Hong Kong, China 999077

Abstract: Unlike structured and quantitative financial statements, management discussions and analysis（MD&A）have no fixed format and styles but contain management outlook of the firm's prospect and future operating challenges. For this reason, understanding how investors react to a firm's disclosure style is important. Using a sample of all listed firms from 2014-2018 in China, this study explores the relationship between MD&A readability and investors' reaction to earnings news, and the interaction effects between MD&A readability and operating complexity and between MD&A readability and analysts' earnings forecast dispersions on the relationship. We find that（1）the higher the readability of MD&A is, the higher the earnings response coefficient（ERC）is;（2）a high level of operating complexity and large analysts forecast dispersions strengthen the positive relationship between MD&A readability and the market reactions to accounting earnings. We also analyze the relationship between MD&A readability and stock price synchronicity and find that the two are negatively associated with each other. Our results extend the information disclosure literature to the case of unstructured financial information and provide the basis for improving the guidance on MD&A disclosure.

Keywords: management discussion and analysis; information disclosure; readability; market reaction; stock price synchronicity.

当代会计评论 Contemporary Accounting Review
第14卷第1辑 Vol.14 No.1
2021年 2021

服务主导逻辑理念下的制造业费用结构及其演化趋势*

黄冰冰[1] 马元驹[2] 戴德明[1]
（1. 中国人民大学，北京 100872；2. 首都经济贸易大学，北京 100070）

【摘要】 为探究服务主导逻辑理念下制造业费用结构及其演化趋势，本文在理论分析企业经营逻辑转变原因及其费用结构表现的基础上，界定商品生产费用与服务提供费用的具体项目，实际测算制造业上市公司费用结构及其变化。研究表明：①服务主导逻辑的发展趋势对制造业费用结构产生了深刻影响，表现为服务提供费用比重的显著上升和商品生产费用比重的显著下降。②2007~2019 年，制造业上市公司整体的服务提供费用占商品生产费用和服务提供费用之和的比重由 2007 年的 10.50%上升到 2019 年的 15.13%，增加了 4.63 个百分点；从细分行业来看，主要来自医药制造业和仪器仪表等细分行业的驱动；从具体项目来看，主要来自管理费用和销售费用的驱动。③2007~2019 年，制造业上市公司中以服务提供费用为主的上市公司数量占制造业上市公司数的比重从 4.51%上升到 8.67%，上升了 4.16 个百分点，主要来自医药制造业、专用设备制造业等细分行业的驱动。

【关键词】 制造业费用结构 服务主导逻辑 商品主导逻辑 服务提供费用 商品生产费用

一、问题的提出

2020年9月4~9日，2020年中国国际服务贸易交易会全球服务贸易峰会（简称服贸会）在北京举行。服贸会是2020年新型冠状病毒肺炎疫情之后我国召开的第一次大型线下展

* 黄冰冰，博士后，E-mail：514319917@qq.com；马元驹（通讯作者），教授，E-mail：accmjy@cueb.edu.cn；戴德明，教授，E-mail：daideming@rmbs.ruc.edu.cn。本文受到国家自然科学基金项目“风险导向式企业经营业绩评价体系的构建与应用研究”（71572118）、国家社会科学基金重大项目“面向国际趋同的国家统一会计制度优化路径研究”（16ZDA029）的资助。

会，踊跃的参展情况也体现了疫情冲击下服务行业的强势复苏与崛起。在短短5天内，服贸会吸引了来自148个国家和地区的2.2万家企业和机构线上线下参展参会，文化项目签约总额超过600亿元，境外工程签约总额达303亿元，旅游投资签约总额达157.1亿元，成果丰硕。近年来，新一轮科技革命和产业变革孕育兴起，带动了数字技术强势崛起，促进了产业深度融合，引领了服务经济蓬勃发展。2019年，我国服务业（第三产业）增加值占国内生产总值的比重达到了53.9%，比2018年提高了0.6个百分点。随着服务业企业规模的增大与所占比重的增加，现代企业的经营逻辑逐渐由商品主导逻辑向服务主导逻辑转变。然而，现代企业由商品主导逻辑向服务主导逻辑转变不仅仅表现为提供服务产业（第三产业）企业规模与比重的增加，还表现为非服务产业（第一、第二产业）特别是制造业的服务化转型。服务化已经成为全球制造业发展的重要趋势。全球制造业已经呈现从“生产型制造”向“服务型制造”转型的趋势。制造业服务化能够显著提高产品的增加值，改善企业经营绩效，促进企业价值链升级（陈丽娴和沈鸿 2017，刘斌等 2016，许和连等 2017）。

制造业是经济发展的中坚力量，是立国之本、兴国之器、强国之基。研究制造业费用及其结构对降本、提质、增效，推进制造业高质量发展具有重要意义。在服务主导逻辑的发展趋势下，探究服务主导逻辑对制造业费用结构的影响，对把握制造业费用结构现状与演化趋势，推动降本、提质、增效，最终实现中国制造2025具有重要意义。但是，关于服务主导逻辑如何影响制造业费用结构的研究文献极度匮乏。鉴于此，本文在深入分析企业经营逻辑转变的深层原因与现实案例的基础上，分析我国制造业上市公司商品生产费用与服务提供费用的演化趋势，探究其对我国制造业费用结构的深刻影响。

二、企业经营逻辑转变的原因和对制造业费用结构的影响

（一）企业经营逻辑转变的原因分析

Vargo和Lusch（2004）最早提出用新的“服务主导逻辑”取代传统的“商品主导逻辑”。Vargo等（2008）进一步指出，服务主导逻辑与商品主导逻辑的主要区别在于：商品主导逻辑下，生产者是价值的创造者，消费者是价值的毁灭者，价值创造过程在销售时已经结束；服务主导逻辑下，生产者和消费者共同创造价值，价值创造过程延续到消费者使用商品的期间。服务主导逻辑与商品主导逻辑相对应，服务主导逻辑是以“服务”为核心的价值交换模式，商品主导逻辑是以“商品”为中心的价值交换模式。服务主导逻辑下的价值交换模式主要有两个转变：一是从商品转到服务，商品只是提供服务的载体，消费者购买的是服务流程而不仅仅是商品；二是从有形转到无形，消费者更加注重消费体验，而不仅仅是消费的商品（马元驹和黄冰冰 2019）。服务主导逻辑与商品主导逻辑的更深层次区别在于资源整合的重点不同，商品主导逻辑重点整合料、工、费等形成产品实体的对象性资源，服务主导逻辑重点整合作用于产品实体之上的知识、技能等

操作性资源。商品主导逻辑仅仅重视控制产品的生产过程，容易忽视对操作性资源的控制与整合，就会导致产品附加值降低、顾客体验较差等后果。服务主导逻辑通过重点控制研发、管理及销售等活动整合知识与技能等操作性资源，能够起到增加产品附加值，为顾客提供良好体验的效果（Constantin and Lusch 1994）。简言之，商品主导逻辑是以对内整合料、工、费等形成产品实体的对象性资源，对外向顾客提供商品为重点的经营逻辑。服务主导逻辑是以对内整合作用于产品实体之上的知识、技能等操作性资源，对外向顾客提供服务为重点的经营逻辑。商品主导逻辑下企业重点关注商品生产本身，费用以商品生产过程发生的费用为主；服务主导逻辑下企业不仅关注商品生产本身，更重视商品销售之后提供的服务，费用以服务提供过程发生的费用为主。

商品主导逻辑之所以逐渐向服务主导逻辑转变，是因为生产力的快速发展，市场竞争愈演愈烈，买卖双方的地位不断发生变化，买方逐渐处于绝对优势地位。企业要想在激烈的市场竞争中生存下来，仅仅提供高质量的产品是远远不够的，还要提供一流的服务来满足顾客的多样化需求。市场竞争激烈是商品主导逻辑向服务主导逻辑转变的重要驱动因素。因为市场竞争逐渐激烈，企业需要通过提高服务质量以赢得顾客认可。在此背景下，企业经营逻辑开始从商品主导逻辑向服务主导逻辑转变，更加注重生产车间之外的投入，以增加产品的附加值，改善顾客的消费体验。例如，海尔集团刚创立的时候，依靠产品质量打开了市场，真正发展壮大依靠的却是为顾客提供一流服务实现的。买卖双方市场地位的变化，导致生产商品的企业不再局限于追求产品质量，而是更加注重在此基础上为消费者提供的优质服务，从而赢得市场，获得盈利，这是导致企业经营逻辑由商品主导逻辑向服务主导逻辑转变的根本原因与动力。除此之外，商品主导逻辑向服务主导逻辑转变的现实原因在于产品的形态发生了变化，制造业越来越多的产品是以“软件”为主，“硬件”为辅，如消费者青睐苹果手机很大程度上是因为其流畅的iOS系统。企业在提供有形与无形兼备的产品时，本身销售的产品或其中的一部分就是要为顾客提供一项服务，服务的好坏决定了产品的质量与顾客的体验。在买方市场下，企业更加倾向提供高质量的服务，而不再仅仅局限于商品的实体。因此，产品形态的变化是企业经营逻辑由商品主导逻辑向服务主导逻辑转变的现实原因。企业经营逻辑由商品主导逻辑向服务主导逻辑转变的必要条件在于，信息技术的快速发展，互联网时代与移动互联时代相继到来，企业与企业、企业与个人之间更加容易建立连接，从而使企业更加容易实现对顾客的高质量服务，如表1所示。

表1　企业经营逻辑由服务主导逻辑向商品主导逻辑转变的原因与条件

原因与条件	内容	例子
根本原因	生产力的快速发展，市场竞争逐渐激烈，导致买方市场形成并巩固，企业需要更加注重提供高质量服务以赢得顾客认可	海尔冰箱靠质量打开市场，靠服务占领市场
现实原因	产品形态变化，有形与无形兼备的产品更加普遍，企业向顾客提供的产品本身就是（或包含）一项或多项服务	手机、电脑等制造业企业提供的产品则是有形（硬件）与无形（软件）兼备的产品
必要条件	信息技术的快速迭代，推动了线上销售模式的快速发展，使企业能够与顾客建立有效、持久的连接，从而提供持续的高质量服务	企业在淘宝、京东等平台销售产品，能够通过客服系统迅速与顾客建立连接

（二）企业经营逻辑转变对制造业费用结构的影响

1. 制造业上市公司商品生产费用和服务提供费用的界定

要考察企业经营逻辑的转变对制造业费用结构的影响，需要先界定制造业的费用构成。本文主张按照商品主导逻辑和服务主导逻辑分别侧重商品生产和服务提供的本质特征，将制造业上市公司的费用要素划分为商品生产活动对应的商品生产费用和服务提供活动对应的服务提供费用。商品生产活动主要发生在车间，体现的是原材料经过加工改变其物理或化学形态后变为能满足某种需要的实体商品的过程，对应的商品生产费用是企业为取得收入而发生的料、工、费等对象性资源的耗费，对应到费用项目上主要是营业成本项目。服务提供活动发生在生产车间之外，对内体现的是产品生产之前的研发活动与融资活动及产品生产之中的行政管理活动,对外体现的是产品生产之后的销售活动。因此，服务提供费用是企业为取得收入而发生的知识、技能等操作性资源的耗费，主要包括销售、研发、管理、财务等费用，对应到具体项目上主要是销售费用、研发费用、管理费用与财务费用。销售费用是企业为吸引顾客所发生的营销费用，并且把商品送至顾客手中所发生的运输费用，及其之后发生的售后服务等费用，并非商品本身的直接耗费，因此是服务主导逻辑下的典型费用项目。研发费用、管理费用和财务费用都是企业在经营活动中为取得收入而发生的知识、技能等无形的操作性资源的耗费，增加了产品的附加值。销售费用和管理费用是服务提供费用的主要组成部分。根据海尔智家（600690）2019年年报，其销售费用主要包括薪酬费用、运输及仓储费、广告促销费、售后费用等；管理费用主要包括薪酬费用、行政办公费、资产折旧摊销费等。从海尔智家（600690）销售费用和管理费用的主要构成来看，销售、管理人员薪酬费用，以及为促成销售而发生的运输及仓储费、广告促销费、售后费用是销售费用和管理费用的主体。这些费用项目发生在生产车间之外，侧重于满足消费者了解企业产品、体验良好服务的需求。因此，销售费用和管理费用的主体部分是服务提供费用。综合上述分析，商品生产费用比照现有利润表项目主要表现为营业成本；服务提供费用比照现有利润表项目主要包括销售费用、管理费用、研发费用和财务费用。用公式可以大致表示如下：

商品生产费用=营业成本

服务提供费用=销售费用+管理费用+研发费用+财务费用

2. 企业经营逻辑转变对制造业费用结构影响的理论与案例分析

服务主导逻辑的经营理念与发展趋势深刻改变着从事生产制造企业的费用结构。传统商品主导逻辑下，企业以商品的生产为中心任务，为取得收入而发生的费用主要体现在车间生产商品所耗费的料、工、费，对应商品的生产费用为营业成本。同时，费用结构体现为以商品生产费用（即营业成本）为主，服务提供费用（即销售费用、管理费用、研发费用和财务费用）为辅。在服务主导逻辑下，企业以服务的提供为中心任务，为取得收入而发生的费用主要体现在车间之外的研发设计、管理支持及销售服务等活动的耗费，对应的服务提供费用为研发费用、管理费用、销售费用和财务费用。同时，费用结构体现为以服务提供费用（即销售费用、管理费用、研发费用和财务费用）为主，商品生产费用（即营业成本）为辅。在企业经营逻辑从商品主导逻辑向服务主导逻辑转变的过程中，对应的费用结构变化表现为商品生产费用（即营业成本）比重逐渐下降，服务提供费用（即销售费用、管理费用、研发费用和财务费用）比重逐渐上升。例如，2019年美国十大制药上市公司的销售费用、管理费用与研发费用占营业收入的比重达到了49%，而同期营业成本占营业收入的比重只有28%；2019年中国十大西药上市公司销售费用、管理费用与研发费用占营业收入的比重达到了39%，同期营业成本占营业收入的比重为50%（黄世忠和李诗 2020）。辛清泉等（2020）的研究表明，2007~2017年我国制造业上市公司的销售费用和管理费用占营业收入、营业成本的比重整体上均呈现上升趋势。

海尔集团是较为典型的经营逻辑逐渐由商品主导逻辑向服务主导逻辑转变的中国制造企业。海尔集团旗下现主要有A股上市公司海尔智家股份有限公司（简称海尔智家）（600690）和港股上市公司海尔电器集团有限公司（简称海尔电器）（HK1169），本文以上市时间较早且在A股上市的海尔智家为对象进行说明。海尔智家原名青岛海尔股份有限公司（简称青岛海尔），2019年7月更名为海尔智家。从业务的角度来看，青岛海尔披露的1999年年报显示，该公司业务按照收入来源可以分为电冰箱、冷柜、小家电和模具、塑料件；海尔智家披露的2019年年报显示，该公司业务按照收入来源可以分为空调、电冰箱、厨电、小家电、洗衣机、装备部品及渠道综合服务。公司业务的主要变化除了产品种类增加之外，关键在于装备部品及渠道综合服务业务的增加。装备部品是家电上下游配套部件，渠道综合服务是海尔智家自建的销售渠道，为消费者提供销售、安装及售后等服务。服务是海尔智家最大的卖点，在销售产品的同时，该公司需要提供配套的安装部件和高质量的服务，以赢得消费者的认可。更重要的是，海尔智家的高质量服务，并不完全是免费的。例如，该公司销售海尔空调时，面向顾客分别提供额外收费的特色服务和保障服务。特色服务是指清洗服务，包括上门清洗挂机和柜机；保障服务包括全面保修、延长保修和意外保修。因此，从该公司业务变化中可以看出，海尔集团的经营逻辑逐渐由商品主导逻辑向服务主导逻辑转变。从费用的角度来看，1999年，青岛海尔的商品生产费用为31.47亿元，服务提供费用为5.07亿元，二者合计为36.54亿元，其中服务提供费用占比13.88%。2019年，海尔智家的商品生产费用为1 156.88亿元，服务提供费用为804.34亿元，二者合计为1 961.22亿元，其中服务提供费用占比达41.01%。

三、制造业上市公司费用结构变化的实际情况

（一）制造业上市公司服务提供费用比重变化

1. 制造业整体服务提供费用比重变化

服务主导逻辑是自21世纪初才逐步显现的发展趋势，2004年开始被学术界观察和

研究，国内第一篇以服务主导逻辑为主题的文献发表于2009年（包国宪等 2009）。随着服务主导逻辑的趋势越发明显，我国在政策层面积极发展和推动服务主导的经营逻辑。2012年2月27日，商务部发布《商务部办公厅关于举办第一届中国（北京）国际服务贸易交易会的通知》，要求充分发挥服务贸易在加快转变经济发展方式中的作用。此后，我国制造业服务主导逻辑进入快速发展阶段。因此，本文对制造业服务主导逻辑的阶段进行划分，即2012年以前为起步阶段，2012年及之后为快速发展阶段。

考虑服务主导逻辑起步较晚，且我国2007年开始实行新的企业会计准则，故选取2007~2019年作为考察期间。数据来源为国泰安（CSMAR）数据库，剔除ST（special treatment，特别处理）公司、数据缺失公司样本，最终得到2 601家制造业上市公司，共计19 528个观测值。行业分类标准为中国证券监督管理委员会2012年发布的《上市公司行业分类指引》（2012年修订）（证监会公告〔2012〕31号）。根据2007~2019年制造业上市公司费用结构的整体变化情况，观察服务提供费用所占比重的变化趋势。制造业上市公司整体商品生产费用和服务提供费用的计算方法为：在每个年度汇总每家制造业上市公司的商品生产费用和服务提供费用，作为该年度制造业上市公司整体的商品生产费用和服务提供费用。

在2007~2011年的起步阶段，制造业上市公司服务提供费用占商品生产费用和服务提供费用之和的比重由10.50%上升到10.80%，上升了0.30个百分点；服务提供费用与商品生产费用之比由11.73%上升到12.11%，上升了0.38个百分点。2012年开始，我国制造业服务主导逻辑进入快速发展阶段。2019年，制造业上市公司服务提供费用占商品生产费用和服务提供费用之和的比重上升到15.13%，相对于2011年上升了4.33个百分点；服务提供费用与商品生产费用之比上升到17.83%，相对于2011年上升了5.72个百分点。整体上来看，2012年以前，我国制造业服务主导逻辑处于起步阶段，对应的服务提供费用占商品生产费用与服务提供费用之和的比重、服务提供费用与商品生产费用之比波动较大，但两项指标均有所上升；2012年及以后，我国制造业服务主导逻辑进入快速发展阶段，两项指标显著上升，如表2所示。

表2 制造业上市公司商品生产费用和服务提供费用及其变化趋势 单位：亿元

年份	商品生产费用	服务提供费用	合计	服务提供费用占二者总额的比重	服务提供费用与商品生产费用之比
2007	28 856.72	3 383.75	32 240.47	10.50%	11.73%
2008	32 702.42	3 886.04	36 588.46	10.62%	11.88%
2009	32 486.54	4 437.39	36 923.93	12.02%	13.66%
2010	47 056.98	5 940.71	52 997.69	11.21%	12.62%
2011	61 972.28	7 505.38	69 477.66	10.80%	12.11%
2012	62 417.26	8 731.65	71 148.91	12.27%	13.99%
2013	69 730.20	10 149.52	79 879.72	12.71%	14.56%
2014	74 139.04	11 664.19	85 803.23	13.59%	15.73%
2015	72 911.94	12 624.59	85 536.53	14.76%	17.31%

续表

年份	商品生产费用	服务提供费用	合计	服务提供费用占二者总额的比重	服务提供费用与商品生产费用之比
2016	82 415.07	14 396.66	96 811.73	14.87%	17.47%
2017	101 647.12	17 806.27	119 453.39	14.91%	17.52%
2018	118 810.91	20 769.94	139 580.85	14.88%	17.48%
2019	128 897.99	22 979.21	151 877.20	15.13%	17.83%

注：商品生产费用=营业成本；服务提供费用=销售费用+管理费用+研发费用+财务费用

从表2可以看出，2007~2019年，制造业上市公司的服务提供费用显著增加，占商品生产费用和服务提供费用之和的比重也明显提高。虽然商品生产费用仍然是主要的，但是服务提供费用比重的显著增加体现了服务主导逻辑趋势下制造业费用结构的显著变化，也在一定程度上预示着未来的发展方向。

2. 制造业细分行业服务提供费用比重变化

进一步观察制造业细分行业服务提供费用比重的变化，分析导致整体服务提供费用比重上升的主要细分行业。细分行业服务提供费用比重，是指在每个细分行业中，该年度的上市公司服务提供费用占商品生产费用和服务提供费用之和的比重。制造业细分行业中，2019年，医药制造业的服务提供费用比重最高，达到了43.40%，相对于2007年的22.97%增加了20.43个百分点。仪器仪表制造业的服务提供费用比重变化较大，由2007年的12.13%上升到2019年的29.81%，增加了17.68个百分点。在制造业细分行业中，2019年服务提供费用比重最低的为有色金属冶炼和压延加工业，服务提供费用占比5.32%，但也相对于2007年的5.17%上升了0.15个百分点。整体上来看，制造业细分29个行业中，服务提供费用比重上升的有22个细分行业，服务提供费用比重平均上升了7.37个百分点；服务提供费用比重下降的有7个细分行业，服务提供费用比重平均下降了1.94个百分点，如表3所示。

表3　2007年和2019年制造业细分行业服务提供费用比重及其变化

细分行业代码	细分行业名称	2007 年	2019 年	增加百分点	2019 年上市公司数
C27	医药制造业	22.97%	43.40%	20.43	219
C15	酒、饮料和精制茶制造业	27.57%	37.99%	10.42	36
C18	纺织服装、服饰业	18.27%	30.10%	11.83	32
C40	仪器仪表制造业	12.13%	29.81%	17.68	48
C19	皮革、毛皮、羽毛及其制品和制鞋业	16.17%	28.47%	12.30	11
C14	食品制造业	21.80%	27.51%	5.71	47
C21	家具制造业	26.60%	27.39%	0.79	21
C23	印刷和记录媒介复制业	16.41%	21.26%	4.85	12
C35	专用设备制造业	11.71%	20.89%	9.18	225
C24	文教、工美、体育和娱乐用品制造业	12.87%	20.52%	7.65	13
C20	木材加工和木、竹、藤、棕、草制品业	9.18%	19.28%	10.10	8

续表

细分行业代码	细分行业名称	2007 年	2019 年	增加百分点	2019 年上市公司数
C38	电气机械和器材制造业	9.53%	18.58%	9.05	223
C34	通用设备制造业	11.88%	16.39%	4.51	122
C30	非金属矿物制品业	17.55%	15.71%	−1.84	89
C17	纺织业	9.30%	15.51%	6.21	33
C29	橡胶和塑料制品业	10.55%	15.42%	4.87	75
C22	造纸和纸制品业	12.90%	15.40%	2.50	28
C42	废弃资源综合利用业	0.00%	15.07%	15.07	5
C39	计算机、通信和其他电子设备制造业	15.04%	14.46%	−0.58	359
C26	化学原料和化学制品制造业	12.77%	14.39%	1.62	230
C37	铁路、船舶、航空航天和其他运输设备制造业	16.54%	13.80%	−2.74	51
C33	金属制品业	8.06%	13.16%	5.10	62
C36	汽车制造业	11.57%	12.65%	1.08	118
C13	农副食品加工业	13.72%	10.06%	−3.66	47
C41	其他制造业	10.48%	8.73%	−1.75	16
C31	黑色金属冶炼和压延加工业	5.85%	6.83%	0.98	29
C28	化学纤维制造业	7.83%	5.92%	−1.91	22
C25	石油加工、炼焦和核燃料加工业	6.76%	5.65%	−1.11	15
C32	有色金属冶炼和压延加工业	5.17%	5.32%	0.15	64

注：细分行业服务提供费用比重=细分行业服务提供费用/（细分行业商品生产费用+细分行业服务提供费用）；服务提供费用比重按照 2019 年情况从高到低排序

从制造业细分行业服务提供费用比重变化情况来看，制造业细分行业整体上服务提供费用比重上升明显。虽然部分细分行业服务提供费用比重出现轻微下降，但整体上主要细分行业服务提供费用比重呈现明显的上升趋势，特别是医药制造业、仪器仪表制造业等细分行业变化明显。医药制造业、仪器仪表制造业等细分行业服务提供费用比重的显著上升，可能源于市场竞争加剧背景下企业对研发投入和市场推广的高度重视。制造业细分行业服务提供费用比重上升的情况说明，服务主导逻辑的发展趋势对制造业主要细分行业产生了显著影响，对医药制造业、仪器仪表制造业等细分行业影响较大。

3. 制造业服务提供费用明细项目比重变化

进一步考察制造业服务提供费用明细项目的比重变化，分析驱动制造业服务提供费用比重上升的主要明细项目。需要说明的是，因为我国2018年修订的利润表从管理费用中单列了研发费用项目，所以长期以来研发费用包含在管理费用项目中，为保持前后一致，本文在统计中将研发费用包含在管理费用中。从表4可以看出，2007年，制造业上市公司销售费用占商品生产费用和服务提供费用之和的比重为4.58%，管理费用为4.51%，财务费用为1.41%，三者合计为10.50%，代表了服务提供费用占商品生产费用和服务提供费用之和的比重。从2007年制造业上市公司服务提供费用明细项目的比重结构来看，服务提供费用以销售费用为主，管理费用为辅，财务费用比重较小。2019年，制造业上市公司销售费用占商品生产费用和服务提供费用之和的比重为6.64%，管理费用为7.37%，财务费用为1.12%，三者合计为15.13%，代表了服务提供费用占商品生产费用和服务提供费用之和的比重。从2019年制造业上市公司服务提供费用明细项目的比重结构来看，服务提供费用变为以管理费用为主，销售费用为辅，财务费用比重仍然较小。从制造业上市公司服务提供费用明细项目比重的变化趋势来看，2007~2019年，销售费用比重和管理费用比重均呈现明显上升的趋势，二者分别上升了2.06个百分点和2.86个百分点，财务费用比重则基本稳定，略有下降，下降了0.29个百分点。

表4　制造业上市公司服务提供费用明细项目占商品生产费用和服务提供费用之和的比重变化

单位：亿元

年份	销售费用比重	管理费用比重	财务费用比重	服务提供费用比重
2007	4.58%	4.51%	1.41%	10.50%
2008	4.34%	4.67%	1.61%	10.62%
2009	5.15%	5.56%	1.31%	12.02%
2010	4.97%	5.18%	1.06%	11.21%
2011	4.55%	5.18%	1.07%	10.80%
2012	5.24%	5.74%	1.29%	12.27%
2013	5.65%	5.85%	1.21%	12.71%
2014	5.95%	6.20%	1.44%	13.59%
2015	6.29%	6.95%	1.51%	14.75%
2016	6.58%	7.14%	1.15%	14.87%
2017	6.65%	6.87%	1.38%	14.90%
2018	6.62%	7.08%	1.18%	14.88%
2019	6.64%	7.37%	1.12%	15.13%

注：销售费用比重=销售费用/（商品生产费用+服务提供费用）；管理费用比重=管理费用/（商品生产费用+服务提供费用）；财务费用比重=财务费用/（商品生产费用+服务提供费用）；服务提供费用比重=销售费用比重+管理费用比重+财务费用比重

从表 4 可以看出，驱动服务提供费用比重上升的费用项目主要是销售费用和管理费用。在销售费用和管理费用中，又以管理费用为主，表现为管理费用比重超过销售费用比重成为服务提供费用的主要费用项目。管理费用逐渐占据主导地位可能是研发投入逐渐增加导致，因为企业费用化的研发投入长期以来包含在管理费用项目中，自 2018 年开始在利润表中才单列出来。总之，制造业服务提供费用明细项目比重的变化体现了研发、销售和管理等服务提供活动越来越重要，反映了服务主导逻辑的发展趋势对制造业费用结构的重要影响。

（二）以服务提供费用为主的制造业上市公司比重变化

1. 以服务提供费用为主的制造业整体上市公司比重变化

以服务提供费用为主的上市公司是指服务提供费用不低于商品生产费用的上市公司，具体界定标准为：服务提供费用/（服务提供费用+商品生产费用）≥50%。以服务提供费用为主的上市公司的费用结构以服务提供费用为主，商品生产费用为辅，较好地体现了服务主导的经营逻辑。整体上来看，以服务提供费用为主的制造业上市公司数量占制造业上市公司总数的比重呈现逐渐上升趋势。2007年，以服务提供费用为主的制造业上市公司只有38家，以商品生产费用为主的制造业上市公司为804家，二者合计为842家上市公司，其中，以服务提供费用为主的制造业上市公司占比4.51%。2019年，以服务提供费用为主的制造业上市公司为196家，以商品生产费用为主的制造业上市公司为2 064家，二者合计为2 260家上市公司，其中，以服务提供费用为主的制造业上市公司占比达8.67%。具体如表5所示。

表5 以服务提供费用为主的制造业上市公司比重变化

年份	以服务提供费用为主的制造业上市公司/家	以商品生产费用为主的制造业上市公司/家	公司合计/家	以服务提供费用为主的制造业上市公司的比重
2007	38	804	842	4.51%
2008	37	830	867	4.27%
2009	50	896	946	5.29%
2010	59	1 120	1 179	5.00%
2011	63	1 278	1 341	4.70%
2012	74	1 352	1 426	5.19%
2013	79	1 371	1 450	5.45%
2014	84	1 454	1 538	5.46%
2015	97	1 551	1 648	5.89%
2016	121	1 697	1 818	6.66%
2017	159	1 924	2 083	7.63%
2018	183	1 947	2 130	8.59%
2019	196	2 064	2 260	8.67%

注：以服务提供费用为主的上市公司的界定标准为服务提供费用/（服务提供费用+商品生产费用）≥50%

从表5可以看出，2007~2019年，制造业上市公司以服务提供费用为主，商品生产费用为辅的上市公司数量与比重在明显增加。从发展趋势来看，2007~2019年的13年间，以服务提供费用为主的制造业上市公司数量从38家增加到了196家，增加了4.16倍，以服务提供费用为主的制造业上市公司的比重从4.51%上升到8.67%，上升了4.16个百分点。从发展阶段来看，2007~2011年，我国制造业服务主导逻辑处于起步阶段，对应的以服务提供费用为主的制造业上市公司的比重由4.51%上升到4.70%，上升了0.19个百分点。2012年开始，我国制造业服务主导逻辑进入快速发展阶段，对应的以服务提供费用为主的制造业上市公司的比重快速上升，2019年比2011年增加了3.97个百分点。以服务提供费用为主的制造业上市公司数量与比重整体呈上升的趋势，说明越来越多的制造业上市公司以服务提供费用为主，商品生产费用为辅，也就预示着服务的重要性逐渐提升，商品的重要性逐渐下降。

2. 以服务提供费用为主的制造业细分行业上市公司比重变化

进一步考察以服务提供费用为主的制造业细分行业上市公司比重变化，分析驱动以服务提供费用为主的制造业整体上市公司数量与比重增加的主要细分行业。2019年，制造业细分行业中，以服务提供费用为主的医药制造业上市公司数量最多，达到了121家，占医药制造业上市公司数量的比重达到了35.59%，数量和比重分别较2007年增加了107家和21.73个百分点。整体上来看，29个细分行业中，以服务提供费用为主的15个细分行业上市公司数量有所增加，共计增加了167家上市公司；以服务提供费用为主的9个细分行业上市公司数量一直为0家；以服务提供费用为主的5个细分行业上市公司数量有所减少，共计减少了9家上市公司。增加的以服务提供费用为主的167家上市公司，减去减少的以服务提供费用为主的9家上市公司，得到158家上市公司，表示2019年相对于2007年增加了158家以服务提供费用为主的上市公司，如表6所示。

表6 以服务提供费用为主的制造业细分行业上市公司比重变化

代码	细分行业名称	2007年		2019年		比重变化（个百分点）
		数量	比重	数量	比重	
C27	医药制造业	14	13.86%	121	35.59%	21.73
C18	纺织服装、服饰业	1	5.88%	9	21.95%	16.07
C15	酒、饮料和精制茶制造业	3	12.00%	10	21.74%	9.74
C35	专用设备制造业	4	7.02%	21	8.54%	1.52
C19	皮革、毛皮、羽毛及其制品和制鞋业	0	0	1	8.33%	8.33
C40	仪器仪表制造业	0	0	4	7.69%	7.69
C14	食品制造业	0	0	3	6.00%	6.00
C28	化学纤维制造业	0	0	1	4.35%	4.35
C39	计算机、通信和其他电子设备制造业	5	4.76%	12	3.23%	−1.53
C34	通用设备制造业	0	0	3	2.40%	2.40
C26	化学原料和化学制品制造业	2	2.13%	5	2.13%	0
C13	农副食品加工业	0	0	1	2.08%	2.08
C32	有色金属冶炼和压延加工业	0	0	1	1.54%	1.54
C38	电气机械和器材制造业	0	0	3	1.33%	1.33
C30	非金属矿物制品业	0	0	1	1.11%	1.11
C17	纺织业	1	2.44%	0	0	−2.44
C20	木材加工和木、竹、藤、棕、草制品业	0	0	0	0	0
C21	家具制造业	0	0	0	0	0
C22	造纸和纸制品业	3	11.54%	0	0	−11.54
C23	印刷和记录媒介复制业	0	0	0	0	0
C24	文教、工美、体育和娱乐用品制造业	0	0	0	0	0
C25	石油加工、炼焦和核燃料加工业	1	9.09%	0	0	−9.09
C29	橡胶和塑料制品业	0	0	0	0	0
C31	黑色金属冶炼和压延加工业	0	0	0	0	0
C33	金属制品业	0	0	0	0	0
C36	汽车制造业	0	0	0	0	0
C37	铁路、船舶、航空航天和其他运输设备制造业	2	6.25%	0	0	−6.25
C41	其他制造业	2	7.69%	0	0	−7.69
C42	废弃资源综合利用业	0	0	0	0	0
合计		38	—	196	—	—

注：数量是指以服务提供费用为主的上市公司数量；比重是指以服务提供费用为主的上市公司数量占该细分行业上市公司数量的比重；以服务提供费用为主的上市公司界定标准为服务提供费用/（服务提供费用+商品生产费用）≥50%

从表6可以较为直观地看出，2007~2019年，以服务提供费用为主的医药制造业，纺织服装、服饰业，酒、饮料和精制茶制造业等细分行业上市公司数量和比重均显著增加。虽然部分制造业细分行业始终没有以服务提供费用为主的上市公司，也有以服务提供为主的个别细分行业上市公司数量出现了下降，但是整体上以服务提供费用为主的主要制造业细分行业上市公司数量和比重均明显增加。以服务提供费用为主的制造业细分行业上市公司数量与比重变化显示，服务主导逻辑的发展趋势导致以服务提供费用为主的医药制造业，纺织服装、服饰业，酒、饮料和精制茶制造业等细分行业上市公司数量显著增加，但也导致以服务提供费用为主的造纸和纸制品业，石油加工、炼焦和核燃料加工业等细分行业上市公司数量有所降低。这说明服务主导逻辑对制造业细分行业费用结构的影响呈现不均衡的特征。

四、研 究 结 论

随着生产力的快速发展，市场竞争日趋激烈，买方市场逐渐形成，以服务为核心的商品越来越多，同时信息技术的快速发展，使企业能与顾客之间快速建立连接，这些因素共同促使企业经营逻辑由商品主导逻辑向服务主导逻辑转变。企业经营逻辑的转变不仅发生在理念层面，还深刻影响着制造业企业的费用结构。因为，传统商品主导逻辑下的费用主要是产品在生产车间的耗费，主要表现为营业成本，而服务主导逻辑下的费用更多发生在车间之外，主要表现为研发费用、销售费用、管理费用和财务费用。在商品主导逻辑向服务主导逻辑转变的过程中，企业价值创造的重心从商品转移到服务，对应的服务主导逻辑下的费用比重逐渐上升，商品主导逻辑下的费用比重则逐渐下降。

本文在服务主导逻辑理念下考察制造业上市公司的费用结构及其演化趋势，分析服务主导逻辑对制造业费用结构的深刻影响。本文利用2007~2019年制造业上市公司数据，得出以下研究结论：①服务主导逻辑的发展趋势对制造业费用结构产生了深刻影响，表现为服务提供费用比重的显著上升和商品生产费用比重的显著下降。②2007~2019年，制造业上市公司整体的服务提供费用占商品生产费用和服务提供费用之和的比重由2007年的10.50%上升到2019年的15.13%，上升了4.63个百分点；从细分行业来看，主要来自医药制造业和仪器仪表制造业等细分行业的驱动；从具体项目来看，主要来自管理费用和销售费用的驱动。③2007~2019年，以服务提供费用为主的制造业上市公司数量比重从4.51%上升到8.67%，上升了4.16个百分点，主要来自医药制造业、专用设备制造业等细分行业的驱动。

参考文献

包国宪，王学军，柯卉. 2009. 国外服务科学理论研究前沿探析//中国管理现代化研究会. 第四届（2009）中国管理学年会——组织与战略分会场论文集，北京.

陈丽娴，沈鸿. 2017. 制造业服务化如何影响企业绩效和要素结构——基于上市公司数据的 PSM-DID 实证分析. 经济学动态，（5）：64-77.

黄世忠，李诗. 2020. 透析医药保健行业费用“一高一低”现象——基于 2015～2019 年的成本费用结构. 财会月刊，（12）：7-10.

刘斌，魏倩，吕越，等. 2016. 制造业服务化与价值链升级. 经济研究，51（3）：151-162.

马元驹，黄冰冰. 2019. 制造业习性成本结构和经营安全程度分析. 经济与管理研究，40（9）：99-113.

辛清泉，邓茜丹，刘星. 2020. 中国制造业上市公司资本投资下降之谜. 当代会计评论，13（2）：11-34.

许和连，成丽红，孙天阳. 2017. 制造业投入服务化对企业出口国内增加值的提升效应——基于中国制造业微观企业的经验研究. 中国工业经济，（10）：62-80.

Constantin J A，Lusch R F. 1994. Understanding Resource Management：How to Deploy Your People，Products，and Processes for Maximum Productivity. Oxford：The Planning Forum.

Vargo S L，Lusch R F. 2004. Evolving to a new dominant logic for marketing. Journal of Marketing，68（1）：1-17.

Vargo S L，Maglio P P，Akaka M A. 2008. On value and value co-creation：a service systems and service logic perspective. European Management Journal，26（3）：145-152.

Expense Structure of Manufacturing Industries and Its Historical Evolutionary Trend: The Service-Oriented Perspective

Bingbing Huang[1]，Yuanju Ma[2] and Deming Dai[1]

1. Renmin Business School，Renmin University of China，Beijing，China 100872；

2. School of Accounting，Capital University of Economics and Business，Beijing，China 100070

Abstract： Based on theoretical analysis of the transition of operating focus and the resulting changes in the expense structure in manufacturing industries，we define specific items related to commodity production expenses and service provision expenses so as to measure the expense structure of listed manufacturing firms and explore，from the service-oriented perspective，the expense structure in manufacturing industries and its historical evolutionary

trend. We show that（1）the service-oriented perspective has significantly increased the proportion of service provision expenses relative to that of commodity production expenses, suggesting a profound impact of the service-oriented perspective on the expense structure of manufacturing industries；（2）the service provision expenses account for 10.50% of the total expenses of both commodity production and service provision in 2007，but this figure increases to 15.13% in 2019，indicating an increase of 4.63 percentage points from 2007 to 2019. The analysis of industry breakdown reveals that the increase is driven by pharmaceutical，instrumentation, and some other related industries. The analysis of the breakdown of detailed expense items indicates that the increase is driven by administrative and sales expenses；（3）the fraction of listed manufacturing companies with dominant service provision expenses has increased from 4.51% to 8.67%，an increase of 4.16 percentage points. Most of these companies come from pharmaceutical，special equipment, and some other related industries.
Keywords：expense structure of manufacturing industries；service-oriented perspective；commodity-oriented perspective；service provision expense；commodity production expense.

当代会计评论 Contemporary Accounting Review
第14卷第1辑 Vol.14 No.1
2021年 2021

科技创新对客户集中度和商业信用模式有影响吗？——一项基于中国上市公司的实证研究*

王志伟
（上海立信会计金融学院会计学院，上海 201620）

【摘要】 本文以2011~2013年A股违规公司为样本，采用双重差分法，从客户端实证研究了科技创新形成的资产专用性对公司违规前后4年的影响。通过对比资产专用程度强的公司与弱的公司在违规前后的变化，本文发现：①尽管两者的毛利率没有显著差异，但前者对客户的依赖程度较低，销售收入的增长更快；②尽管两者在预收账款上没有显著差异，但前者在赊销上显著高于后者；③尽管两者在有担保赊销上没有显著差异，但在构成上，前者的非银行担保赊销显著高于后者；④两者在无担保赊销上有显著差异，前者的无担保赊销显著高于后者，该差异主要体现在应收账款上。本文基于Williamson（1979）的理论，提供了科技创新形成的资产专用性能够影响客户集中度和商业信用模式的证据，也提供了企业科技创新对产品市场和资本市场具有经济后果的证据，在创新研究路径上向前迈进了一步。未来的研究需要沿着价值链延伸到上游企业，继续关注企业和供应商之间的交易行为。

【关键词】 资产专用性 信任 信用

一、引 言

本文研究受到外生冲击后，企业科技创新形成的资产专用性在产品市场和信用市场的经济后果，研究动机如下：其一，理论上而言，关系型投资形成的资产专用性是决定

---

* 王志伟，副教授，E-mail：wzw@lixin.edu.cn。感谢匿名评审人的评审意见，文责自负。

企业合同治理模式的主要因素（Williamson 1979）。合同治理模式与资产专用性相匹配后，企业在市场机制和企业机制之间会选择相宜的资源配置方式，形成相对均衡的状态，那么，出现外生冲击后，事前的均衡状态会如何调整？科技创新形成的资产专用性能否影响客户集中度及客户端的商业信用模式？这成为重要的理论问题，需要基于已有研究继续进行探讨。

其二，从实践上看，上市公司在资本市场蒙受声誉损失后，采取何种措施控制市场风险是一个现实问题。当静态的宏观制度难以规范动态的市场行为时，市场主体将签署关系型合同保护产权（李增泉等 2004），而企业为产品进行的科技创新是保证产品质量和核心竞争力的主要措施，那么科技创新形成的资产专用性是否具有产权保护的作用？企业是否应该通过加强科技创新的关系型投资以提高资产专用性从而控制市场风险？这成为重要的实践问题，需要收集证据、总结经验，从而为企业决策提供依据。

信息不对称容易导致失信现象，因此，通过一定的机制或媒介进行信息传递以降低信息不对称成为改善商业信任的解决之道。已有文献研究了信任对企业商业信用模式的影响（刘凤委等 2009，陈运森和王玉涛 2010），也有文献研究了声誉损失在企业客户端的效应（Johnson et al. 2014，辛清泉等 2019）。关系型资产的专用信息需要通过声誉机制和非公开渠道进行传递，利用这一特点，李增泉等（2011）解释了资本市场上关联企业的股价同步性现象，唐松等（2017）发现了关系型资产（高管的社会网络）有助于企业债权融资的证据。当企业蒙受声誉损失后，科技创新形成的资产专用性能否传递积极的信息以稳定客户群和商业信用模式？这种关系型投资是否能够控制市场风险，从而发挥产权保护的作用？鲜有文献触及这一理论和实践的交汇领域。

基于Klein等（1978）和Williamson（1979）关于资产专用性的论述，本文回顾了资产专用性对资本结构（Williamson 1988，Kochhar 1997，Vilasusoh and Minkler 2001，王永海和范明 2004，程宏伟 2004，唐松等 2017）、股价同步性（Khanna and Thomas 2009，李增泉等 2011）和独立董事履约（许楠等 2018）的影响文献，从客户端进一步研究蒙受声誉损失后，上市公司科技创新形成的资产专用性在产品市场和信用市场的经济后果。

近年来，学术界日益重视基于中国制度背景的理论建构（陈冬华和李真 2015，李增泉 2017，夏立军和王珊 2018），本文基于中国制度背景，以2011~2013年A股违规上市公司为样本，采用双重差分法，实证研究了企业科技创新形成的资产专用性对上市公司违规前后4年的影响。通过对比资产专用程度强的上市公司与弱的上市公司在违规前后的变化，单因素双重差分的发现如下所示。

第一，在产品市场上：前者的客户集中度有显著的下降，但其销售收入有显著的上升，两者的毛利率无显著差异。

第二，在信用市场上：①分析预收和赊销后发现，前者的预收和赊销之和有显著上升，但这种显著上升主要体现在赊销上，预收则是下降的；②分析赊销后发现，违规后有担保赊销和无担保赊销的二阶差分虽无显著差异，但在数值上，前者的无担保赊销有上升；③进一步分析有担保赊销发现，前者的非银行担保赊销有显著上升；④进一步分析无担保赊销发现，两者的应收账款和其他应收款的二阶差分虽无显著差异，但在数值上，前者都要高于后者。

回归分析的结果有以下发现。

第一，在产品市场上，资产专用性程度与客户集中度之间存在显著的正相关关系，违规后，资产专用性程度与客户集中度之间存在显著的负相关关系。

第二，在信用市场上：①资产专用性与预收和赊销之和存在显著的正相关关系，这种正相关关系主要体现在赊销上；②分析赊销后发现，资产专用性与无担保赊销之间存在显著的正相关关系，与有担保赊销之间并无显著的正相关关系；③进一步分析有担保赊销发现，资产专用性与非银行担保赊销存在显著的正相关关系，与银行担保赊销并无显著的正相关关系；④进一步分析无担保赊销发现，资产专用性与应收账款存在显著的正相关关系，与其他应收款则无显著的正相关关系。

本文的研究贡献体现在以下三点。

一是本文提供了企业科技创新在产品市场和资本市场上具有经济后果的证据，深化了该领域的研究路径。已有研究从企业、市场和国家三个层面研究了企业创新的影响因素（He and Tian 2018），而本文回答了科技创新的经济后果，深化了该领域的研究路径。

二是本文深入合同治理内部，研究了企业科技创新形成的资产专用性的作用，细化了该领域的研究路径。基于Williamson（1979），已有文献着眼于企业外部，研究了关系型资产形成的资产专用性对股价同步性和融资的作用（李增泉等 2011，唐松等 2017），本文则着眼于企业内部，研究了科技创新形成的资产专用性对客户集中度和合同要件——客户端的商业信用模式——的作用，细化了该领域的研究路径。

三是本文运用资产专用性解释了客户集中度和商业信用模式问题，优化了该领域的研究路径。已有文献发现声誉损失影响客户集中度（Johnson et al. 2014，辛清泉等 2019），信任能够影响商业信用模式（刘凤委等 2009，陈运森和王玉涛 2010），本文考量科技创新形成的资产专用性后发现，违规前后，客户集中度和商业信用模式在不同资产专用性的企业间存在结构性差异，优化了该领域的研究路径。

本文对企业决策具有一定的启发意义：基于科技创新的资产专用性有助于稳定客户关系，有助于开拓市场，有助于利用赊销弥补声誉损失，控制产品市场和信用市场的风险。因此，企业需要进一步重视以科技进步为基础的创新，提高核心竞争力。归根结底，企业提供的高质量产品是立足之本，因此，以科技创新为中心，不断提高产品质量，持续推进产品更新迭代，再辅以其他方法，方是企业的长生久视之道。

后文的结构安排如下：第二部分为文献回顾；第三部分为研究假说；第四部分为研究设计；第五部分为实证检验；第六部分为研究结论、启示与局限性；第七部分为结束语。

二、文献回顾

（一）科技创新

国内外学者从影响因素的角度研究了科技创新问题（Benfratello et al. 2008，Chava et al. 2013，Hsu et al. 2014，党力等 2015，黎文靖和郑曼妮 2016，辛清泉等 2020，Chircop et al. 2020，崔静波等 2021，Dai et al. 2021），He和Tian（2018）从国际层面梳理了创新领域的研究后提出，检验科技创新在产品市场和资本市场的经济后果是未来的研究方向。

当前，国内关于科技创新的经济后果研究尚处于起步阶段，主要集中于科技创新对企业并购的作用。资本市场的实证证据发现，目标方的创新水平是提高并购方并购业绩的关键因素（张学勇等 2017），而且创新产出和投入多的企业更倾向并购那些创新投入多但产出少的企业（徐经长等 2020）。此外，也有文献发现了企业创新提高审计质量的证据（徐经长和汪猛 2017），产品市场的实证证据则发现，企业技术知识的传播有助于提高企业的产品市场竞争力（薛成等 2020）。国际上，理论文献指出企业追求创新能够驱动企业进行并购行为（Holmstrom and Roberts 1998），并购旨在获取互补性资产（Hart and Holmstrom 2010）；但大样本的实证证据相左：既存在企业创新水平与并购倾向负相关的证据（Zhao 2009），也存在企业创新水平与并购倾向正相关的证据（Bena and Li 2014）。在方法论上，大样本实证研究只能观测并购企业，无法观测具体的互补性资产或许是上述证据相左的原因。

（二）资产专用性

Hayek（1945）指出，市场经济通过分散权利进行决策，能够充分利用掌握在个人手中的专有知识（specific knowledge），但自Coase（1937）指出企业可以节约交易成本从而替代市场进行交易后，学者针对两种机制展开了大量研究：Klein等（1978）和Williamson（1979）回到专有知识的思路，指出不完全合同和机会主义是交易成本的成因，专有性投资的程度和交易的频率越高，采用企业机制进行合同治理的可能性越大；Grossman和Hart（1986）、Hart和Moore（1990）指出，市场和企业都存在收益和成本，选择何种机制进行资源配置取决于专有性投资对各方的重要性。因此，企业之间会视资产专用性和交易频率的不同组合选择相宜的合同，在市场和企业两种机制之间进行选择。

学者继续研究了资产专用性对资本结构（Williamson 1988，Kochhar 1997，Vilasusoh and Minkler 2001，程宏伟 2004，王永海和范明 2004，唐松等 2017）、股价同步性（Khanna and Thomas 2009，李增泉等 2011）及企业治理（Masulis and Mobbs 2014，许楠等 2018）等方面的作用，这些文献进一步验证和发展了Williamson（1979）的理论，对认识企业之间的合同治理模式具有良好的启迪作用。

（三）客户集中度

客户作为主要的利益攸关者，其集中度会影响企业的财务决策（Titman and Wessels 1988，Banerjee et al. 2010，Itzkowitz 2012，Dhaliwal et al. 2016，Campelloa and Gao 2017）和经营决策（张敏等 2012，陈峻等 2015，Huang et al. 2016，Cen et al. 2017），此外，客户也会影响企业绩效（Kalwani and Narayandas 1995，唐跃军 2009，Ak and Patatoukas 2015，伍琼等 2016）。因此，企业会通过正向的盈余信息披露（Raman and Shahrur 2008）或高质量的审计师意见（Chen and Jeter 2008，王少飞等 2010，王雄元等 2014）传递积极信号，与客户保持长期合作。

近期，供应链的信息披露效应受到学者关注，杨志强等（2020）及Bourveau等（2020）分别从客户信息披露的治理效应和企业间治理的信息披露效应两个角度研究了该问题：前者研究中国产品市场发现，客户的高质量信息披露具有减少供求波动偏差的治理效应，此外，尽管同行间的信息搜寻和企业间的私下沟通可能削弱该治理效应，但不会削弱企业大客户信息披露的治理效应；后者研究美国产品市场发现，企业之间结盟形成卡特尔后，企业会披露更多关于客户、合同和产品的详细信息，从而带来更高的未来营利能力，这表明企业间的治理关系具有信息披露效应。

（四）商业信用模式

信息不对称容易导致失信现象，因此，通过一定的机制或媒介进行信息传递以降低信息不对称成为改善商业信任的解决之道。在信息传递机制上，刘凤委等（2009）运用加权平均地区企业信任指数（张维迎和柯荣住 2002）研究地区信任差异对商业信用模式的影响后发现，地区间信任度越低，预付账款和应付票据等成本较高的商业信用模式越多；在信息传递媒介上，陈运森和王玉涛（2010）借鉴刘凤委等（2009）衡量商业信用模式的方法后发现，审计质量越高，当事人越容易达成互信，越容易采用低成本的商业信用模式，但审计质量的作用在不同的宏观环境之间存在差异。

Kreps和Wilson（1982）认为互信是长期重复博弈中博弈者实现利益最大化的有效策略，而企业之间会视资产专用性和交易频率的不同组合选择相匹配的合同治理模式进行交易（Williamson 1979）。在长期重复交易中，企业与客户的商务活动需要秉承契约精神、遵循商业规则，在产品市场和信用市场上，会形成相对稳定的客户集中度与商业信用模式。企业受到外生冲击，如声誉损失后，Johnson等（2014）的研究发现，企业违规蒙受声誉损失后，在产品市场上，客户会采用提高企业销售成本的方法对违规企业进行声誉惩罚，并且会根据声誉惩罚的成本与收益，合理地选择惩罚强度；辛清泉等（2019）进一步发现，企业违规蒙受的声誉损失会形成产品市场的溢出效应，降低客户集中度，这种降低可能源于客户事前的低资产专用性投资，使得客户在谈判中更具有主动权。

一般认为，声誉机制是解决信息不对称的有效机制，关系型资产的专用信息需要通过声誉机制和非公开渠道进行传递（李增泉等 2011，唐松等 2017），那么，在发生声誉损失后，资产专用性能否继续发挥作用呢？企业蒙受声誉损失后，科技创新形成的资产专用性能否传递积极的信息以稳定客户群和商业信用模式？这种关系型投资能否控制市场风险，从而发挥产权保护的作用？鲜有文献触及这一理论和实践的交汇领域。因此，本文研究受到外生冲击后，企业科技创新形成的资产专用性在产品市场和信用市场的经济后果。

三、研究假说

本部分构建研究假说。

（一）产品市场

经济现实中，商业信任是企业之间进行交易的前提。商业信任有利于降低交易费用，企业之间也会根据信任程度的不同选择不同的信用模式（刘凤委等 2009，陈运森和王玉涛 2010）。

市场上的供需双方需要借助一定的机制或渠道进行信息传递，才有利于商业信任，因而商业信任需要具象化，才能在商业活动中有的放矢、有效强化，从而增进信任、促进交易。借助声誉机制和非公开渠道传递专用信息，关系型资产能够引发股价同步性（李增泉等 2011），也有助于企业的债权融资（唐松等 2017）。因此，关系型资产专用性可以作为商业信任的依据，该类关系型资产的价值需要落实于具体的产品通过市场传递特定信息实现关系型资产的价值。

如前文所述，资产专用性决定了企业与客户之间的合同治理模式（Williamson 1979），在产品市场上，企业提供的高质量产品是其核心竞争力的体现，这种核心竞争力依赖于科技创新形成的专用性资产，成为维系企业与客户之间商业信任的主要渠道，也是关系型资产提供的商业信任的基础。因此，科技创新所致的资产专用性程度与客户集中度之间，应该呈现正相关关系。

如果企业因违规而蒙受声誉损失，在产品市场上，客户会进行声誉惩罚（Johnson et al. 2014），降低客户集中度，这种降低可能源于客户事前的低资产专用性投资，使得客户在谈判中更具有主动权（辛清泉等 2019）。从违规企业的角度而言，当与客户进行商业谈判时，资产专用性的正效应与声誉损失的负效应叠加后，预计出现的结果是，对资产专用性较弱的违规企业而言，弱的正效应叠加声誉损失的负效应后，其谈判能力更弱，对大客户的依赖程度比较高；而对资产专用性较强的违规企业而言，强的正效应叠加声誉损失的负效应后，较之资产专用性较弱的企业，其对大客户的依赖程度比较低。于是，两类公司相比较，后者的资产专用性程度与客户集中度之间应该呈现负相关关系。

因此，本文提出以下研究假说。

假设1：与控制组相比，研究组的资产专用性程度与客户集中度之间呈负相关关系。

（二）信用市场

一般而言，企业间的收付款方式有三种，一是货款同时两清（简称两清），二是先收款后交货（简称预收），三是先交货后收款（简称赊销）。第二种和第三种方式便产生了商业信用模式。赊销包括有担保赊销和无担保赊销，前者包括银行担保赊销和非银行担保赊销，后者一般包括应收账款和其他应收款①。因此，本文将从预收与赊销、有担保赊销与无担保赊销、银行担保赊销与非银行担保赊销、应收账款与其他应收款四个层面继续构建研究假说。

1. 预收与赊销

当企业作为客户时，与供应商之间的信任度越低，企业在商业活动中面临的交易成本越高，在购买活动中会较多地使用应付票据和预付账款等较高成本的商业信用模式（刘凤委等 2009）。当企业作为供应商时，在因违规而蒙受声誉损失前，企业与客户之间存在相对稳定的商业信用模式——预收和赊销；企业因违规而蒙受声誉损失后，会产生产品市场的溢出效应（Johnson et al. 2014，辛清泉等 2019）。但企业也会采取措施弥补损失，一方面维系与现有客户的商业信任；另一方面培育新的客户，扩大市场份额，其中赊销是增加销售的重要手段。赊销行为与企业在信用市场的授信方式相伴生，当声誉稳定时，企业与客户的商业信用模式也相对稳定，而蒙受声誉损失后，先前的均衡状态会发生调整，企业在信用市场的谈判能力变弱，采用预收方式进行销售的能力可能变弱，但企业创新活动形成的资产专用性会更利于资产专用性强的企业开拓市场，保证其赊销行为。由此预计出现的结果是，较之资产专用性较弱的企业，资产专用性较强的企业，其销售行为中会采取更多的赊销。

因此，本文提出以下研究假说。

假设2a：与控制组相比，研究组的资产专用性程度与赊销之间呈正相关关系。

2. 有担保赊销与无担保赊销

赊销包括有担保赊销和无担保赊销。当声誉稳定时，企业与客户及银行等机构的商业信用模式也相对稳定；企业蒙受声誉损失后，先前相对稳定的商业信用模式会发生调整，企业在信用市场上的谈判能力变弱，相对于有担保赊销，企业采用无担保赊销会更经济；在产品市场上，企业创新活动形成的资产专用性会更利于资产专用性强的企业开拓市场，进行无担保赊销。由此预计出现的结果是，较之资产专用性较弱的企业，资产专用性较强的企业，其销售行为中会采用更多的无担保赊销。

因此，本文提出以下研究假说。

假设2b：与控制组相比，研究组的资产专用性程度与无担保赊销之间呈正相关关系。

---

① 2017年修订的《企业会计准则第14号——收入》准则实施后，出现的“合同资产”科目，也是赊销形成的应收款项。

3. 银行担保赊销与非银行担保赊销

有担保赊销包括银行担保赊销（如银行承兑汇票形成的应收票据）和非银行担保赊销（如商业承兑汇票形成的应收票据），相较于前者，后者对信用的要求较低，审核较为宽松，因此使用成本相对较低。当声誉稳定时，企业与客户及银行等机构的商业信用模式也相对稳定；企业蒙受声誉损失后，先前相对稳定的商业信用模式会发生调整，企业在信用市场上的谈判能力变弱，但创新活动形成的资产专用性会有利于赊销；为控制坏账风险，企业会尽可能争取担保赊销，相比银行担保赊销，进行非银行担保赊销会更经济，而此时资产专用性强的企业会有更强的谈判能力。由此预计出现的结果是，较之资产专用性较弱的企业，资产专用性较强的企业，其担保赊销中更可能获得非银行担保赊销。

因此，本文提出以下研究假说。

假设2c：与控制组相比，研究组的资产专用性程度与非银行担保赊销之间呈正相关关系。

4. 应收账款与其他应收款

无担保赊销主要包括应收账款和其他应收款，前者是无担保赊销活动的主要商业信用模式，由购销活动形成，如企业与客户的货款；后者是无担保赊销活动的次要商业信用模式，由购销活动的辅助活动形成，如企业为客户垫付的款项。当声誉稳定时，企业与客户的无担保赊销的商业信用模式也相对稳定；企业蒙受声誉损失后，先前相对稳定的商业信用模式会发生调整，当企业创新形成的资产专用性较强时，企业拒绝为对方垫付款项的谈判能力也会较强。由此预计出现的结果是，较之资产专用性较弱的企业，资产专用性较强的企业，其销售行为中会采用更多的应收账款进行赊销。

因此，本文提出以下研究假说。

假设2d：与控制组相比，研究组的资产专用性程度与应收账款之间呈正相关关系。

四、研究设计

本部分进行研究设计说明。

（一）数据来源

本文所需的资料包括上市公司违规数据、财务数据、公司治理数据、研发创新数据和行业数据等，所有数据均来自国泰安（CSMAR）中国经济金融研究数据库。

（二）样本选择

本文主要考察企业与客户之间在违规年度前后4年的交易情况，而上市公司披露客户数据始于2007年（陈峻等 2015），因此，本文选取A股上市公司2007~2017年的数据，违规公司样本取自2011~2013年，按照惯例剔除金融行业上市公司。

（1）数据均取自国泰安（CSMAR）中国经济金融研究数据库。主要涉及客户集中度、销售毛利率、销售收入、预收账款、银行承兑汇票、商业承兑汇票、应收账款、其他应收款、研发创新、总资产回报率、资产负债率、总资产、实际控制人性质、公司治理变量*h*指数、公司治理变量*z*指数、第一大股东持股比例和行业数据等。

（2）违规上市公司的说明。将2011~2013年第一时间出现违规的上市公司定义为违规公司[①]，在前后4年的时间段内，剔除重复违规公司样本，同时保持样本公司在事前、事后的数量相等。

（3）极端值与缺省值的处理。对连续变量在1%和99%分位数之外的观测值进行缩尾处理（Winsorize），个别缺失的观测值，以均值进行赋值。

经过以上步骤，获得最终观测值1 326个：2007年152个，2008年155个，2009年131个，2010年225个，2014年191个，2015年163个，2016年147个，2017年162个。

（三）变量定义

表1为研究变量定义表。

表1 研究变量定义表

变量名称	变量含义
$Revenue_{i,t}$	产品市场变量，销售收入，为销售收入的自然对数
$Rate\_g_{i,t}$	产品市场变量，销售毛利率
$Rate\_c_{i,t}$	产品市场变量，客户集中度，为前五大客户销售比率
$Rate\_pnar_{i,t}$	信用市场变量，预收与赊销之和，为预收账款与赊销项目之和/总资产
$Rate\_pr_{i,t}$	信用市场变量，预收，为预收账款/总资产
$Rate\_nar_{i,t}$	信用市场变量，赊销，为应收票据、应收账款与其他应收款之和/总资产
$Rate\_nr_{i,t}$	信用市场变量，有担保赊销，为应收票据/总资产
$Rate\_nr1_{i,t}$	信用市场变量，银行担保赊销，为银行承兑汇票/总资产
$Rate\_nr2_{i,t}$	信用市场变量，非银行担保赊销，为商业承兑汇票/总资产
$Rate\_ar_{i,t}$	信用市场变量，无担保赊销，为应收账款与其他应收款之和/总资产
$Rate\_ar1_{i,t}$	信用市场变量，应收账款，为应收账款/总资产
$Rate\_ar2_{i,t}$	信用市场变量，其他应收款，为其他应收款/总资产
$Post_{i,t}$	事前、事后哑变量，若在 2011~2013 年之后取值为 1，否则取值为 0

① 国泰安（CSMAR）数据库定义了 15 种违规形式：虚列资产；虚假记载（误导性陈述）；推迟披露；重大遗漏；披露不实（其他）；欺诈上市；出资违规；擅自改变资金用途；占用公司资产；内幕交易；违规买卖股票；操纵股价；违规担保；一般会计处理不当；其他。

续表

变量名称	变量含义
$\text{Num\_pa}_{i,t}$	研发创新专利数
$\text{Pat}_{i,t}$	资产专用性程度哑变量，若研发创新专利数大于中位数取值为 1，否则取值为 0
$\text{Patp}_{i,t}$	资产专用性程度与事前、事后的交叉哑变量，Pat×Post
$\text{Size}_{i,t}$	公司特征变量，总资产的自然对数
$\text{Roe}_{i,t}$	公司特征变量，净资产收益率
$\text{Lev}_{i,t}$	公司特征变量，资产负债率
Tobin's $Q_{i,t}$	公司特征变量，托宾 Q 值=（股权市值+净债务市值）/期末总资产
$\text{Cgp}_{i,t}$	公司治理变量，实际控制人性质哑变量，0 为国有，1 为非国有
$\text{Cgs}_{i,t}$	公司治理变量，第一大股东的持股比例
$\text{Cgz}_{i,t}$	公司治理变量，z 指数，第一大股东持股比例/第二大股东持股比例
$\text{Cgh}_{i,t}$	公司治理变量，h 指数，前三大股东持股比例的平方和
Year_i	年度控制变量

（四）检验模型

本文构建如下回归模型检验研究假说：

$$Y_{i,t}=\alpha_0+\alpha_1\times\text{Post}_{i,t}+\alpha_2\times\text{Pat}_{i,t}+\alpha_3\times\text{Patp}_{i,t}+\sum_{m=4}^{12}(\alpha_m\times X_{i,t})+\text{Firm\&Year's Fixed Effect}+\varepsilon_{i,t} \quad (1)$$

其中，控制变量$X_{i,t}$分别为$\text{Size}_{i,t}$、$\text{Roe}_{i,t}$、$\text{Lev}_{i,t}$、Tobin's $Q_{i,t}$、$\text{Cgp}_{i,t}$、$\text{Cgs}_{i,t}$、$\text{Cgz}_{i,t}$和$\text{Cgh}_{i,t}$；$Y_{i,t}$在回归时分别为$\text{Rate_c}_{i,t}$、$\text{Rate_pnar}_{i,t}$、$\text{Rate_pr}_{i,t}$、$\text{Rate_nar}_{i,t}$、$\text{Rate_nr}_{i,t}$、$\text{Rate_nr1}_{i,t}$、$\text{Rate_nr2}_{i,t}$、$\text{Rate_ar}_{i,t}$、$\text{Rate_ar1}_{i,t}$、$\text{Rate_ar2}_{i,t}$。此外，本文还对$\text{Revenue}_{i,t}$、$\text{Rate_g}_{i,t}$进行回归，回归时控制公司特征变量、公司治理变量及公司和年度的固定效应。

根据假设1，本文预期α_3显著为负值；根据假设2a、假设2b、假设2c和假设2d，本文预期α_3显著为正值。

五、实 证 检 验

本部分进行实证检验，分为描述性统计、回归分析和稳定性检验三个部分。

（一）描述性统计

1. 全部变量的描述性统计

表2为变量的描述性统计结果。从表2可以看出，变量的分布相对比较均匀。

表2 变量的描述性统计结果

变量名称	均值	标准差	最小值	25 分位	中位数	75 分位	最大值	观测值
$Revenue_{i,t}$	19.381	2.466	12.392	17.713	19.753	21.172	24.718	1 326
$Rate\_g_{i,t}$	0.277	0.228	−0.457	0.124	0.233	0.387	0.964	1 326
$Rate\_c_{i,t}$	0.302	0.235	0.004	0.136	0.244	0.429	0.986	1 326
$Rate\_pnar_{i,t}$	0.223	0.135	0.009	0.137	0.189	0.285	0.814	1 326
$Rate\_pr_{i,t}$	0.034	0.049	0	0.006	0.015	0.039	0.343	1 326
$Rate\_nar_{i,t}$	0.192	0.127	0.009	0.101	0.165	0.249	0.666	1 326
$Rate\_nr_{i,t}$	0.031	0.040	0	0.005	0.021	0.033	0.237	1 326
$Rate\_nr1_{i,t}$	0.027	0.036	0	0.004	0.016	0.028	0.222	1 326
$Rate\_nr2_{i,t}$	0.004	0.010	0	0	0	0.004	0.067	1 326
$Rate\_ar_{i,t}$	0.163	0.136	0.001	0.061	0.130	0.227	0.814	1 326
$Rate\_ar1_{i,t}$	0.106	0.104	0	0.026	0.076	0.154	0.501	1 326
$Rate\_ar2_{i,t}$	0.057	0.091	0	0.006	0.017	0.073	0.526	1 326
$Post_{i,t}$	0.500	0.500	0	0	0.500	1.000	1.000	1 326
$Num\_pa_{i,t}$	279.200	629.000	1.000	30.000	95.000	268.000	5 170.000	1 326
$Size_{i,t}$	21.880	1.216	19.980	20.960	21.730	22.640	24.390	1 326
$Roe_{i,t}$	0.063	0.089	−0.168	0.023	0.062	0.109	0.238	1 326
$Lev_{i,t}$	0.475	0.205	0.118	0.312	0.491	0.641	0.830	1 326
Tobin's $Q_{i,t}$	2.752	1.497	1.089	1.587	2.383	3.344	6.676	1 326
$Cgp_{i,t}$	0.523	0.500	0	0	1.000	1.000	1.000	1 326
$Cgs_{i,t}$	0.350	0.137	0.140	0.236	0.336	0.454	0.608	1 326
$Cgz_{i,t}$	11.640	16.800	1.097	1.810	4.304	12.400	65.940	1 326
$Cgh_{i,t}$	0.158	0.102	0.029	0.075	0.134	0.224	0.378	1 326

2. 因变量的均值统计

本文根据违规时间（2011~2013年）将违规上市公司划分为前后两组，将上市公司创新专利数量按照中位数划分为强弱两组，在产品市场和信用市场分别进行系列变量的均值统计。

1）产品市场

表3为产品市场的变量均值统计。

表3 产品市场的变量均值统计

年份	$Revenue_{i,t}$		$Rate\_g_{i,t}$		$Rate\_c_{i,t}$	
	控制组	研究组	控制组	研究组	控制组	研究组
2007	18.510	19.360	0.263	0.245	0.303	0.338
2008	18.410	18.550	0.263	0.280	0.253	0.323
2009	18.640	19.280	0.261	0.245	0.279	0.324
2010	18.540	19.040	0.305	0.271	0.264	0.284
2014	19.580	20.430	0.292	0.266	0.302	0.314
2015	19.770	20.430	0.283	0.275	0.240	0.269

续表

年份	$Revenue_{i,t}$		$Rate\_g_{i,t}$		$Rate\_c_{i,t}$	
	控制组	研究组	控制组	研究组	控制组	研究组
2016	19.320	20.400	0.270	0.283	0.365	0.333
2017	19.280	20.520	0.325	0.280	0.374	0.309
均值	19.010	19.751	0.283	0.268	0.298	0.312

注：本文将 2011~2013 年第一时间出现违规的公司定义为违规公司，在前后 4 年的时间段内，剔除重复违规样本，同时保持样本公司在事前事后的数量相等。在检验时，比较样本公司在违规前 4 年和违规后 4 年的变化，因此没有列 2011~2013 年的数据

在表3中可以看出：

从销售收入（$Revenue_{i,t}$）总体来看，研究组高于控制组；各年度中，无论事前年度还是事后年度，研究组均高于控制组。

从销售毛利率（$Rate\_g_{i,t}$）总体来看，研究组低于控制组；各年度中，除2008年和2016年外，其他6年中，研究组均低于控制组。

从客户集中度（$Rate\_c_{i,t}$）总体来看，研究组高于控制组；各年度中，事前研究组均高于控制组，事后前两年（2014年、2015年），研究组也高于控制组，但事后的后两年（2016年、2017年），研究组均低于控制组，在均值的变化上，研究组低于控制组。

进一步分析均值的变化，图1为客户集中度标准差的变化情况。

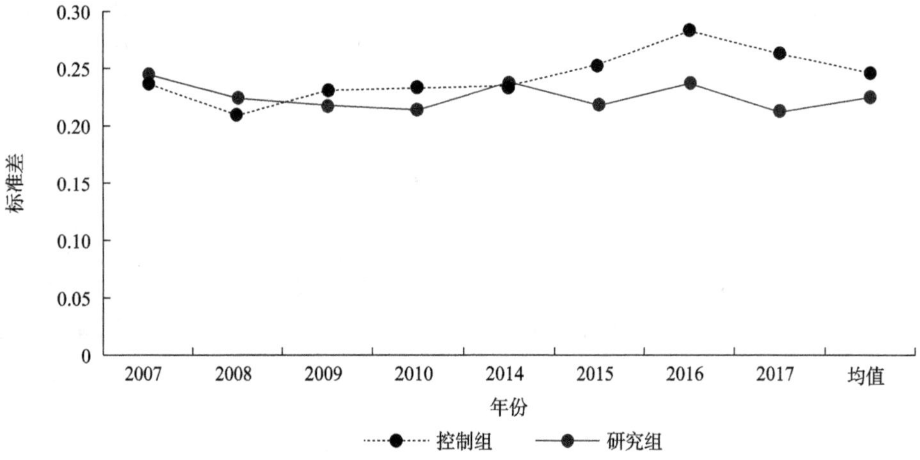

图1 客户集中度标准差的变化情况

在图1可以看出：从总体上来看，研究组的客户集中度标准差要小于控制组；从变动区间上来看，研究组和控制组分别在（0.20,0.25）和（0.20,0.30）区间内变动；从各个期间上看，除个别年度（2007年、2008年、2014年）外，研究组的变动均小于控制组。这一定程度上说明，研究组与客户的关系比较稳定，受到声誉损失的冲击较小。

2）信用市场

表4和表5为信用市场的变量均值统计。

表4 信用市场的变量均值统计（一）

年份	$Rate\_pnar_{i,t}$		$Rate\_pr_{i,t}$		$Rate\_nar_{i,t}$		$Rate\_nr_{i,t}$		$Rate\_ar_{i,t}$	
	控制组	研究组	控制组	研究组	控制组	研究组	控制组	研究组	控制组	研究组
2007	0.210	0.238	0.043	0.040	0.173	0.198	0.028	0.032	0.160	0.169
2008	0.196	0.221	0.036	0.036	0.162	0.189	0.023	0.032	0.135	0.158
2009	0.200	0.229	0.048	0.038	0.162	0.196	0.026	0.032	0.135	0.171
2010	0.207	0.225	0.036	0.031	0.173	0.196	0.029	0.034	0.134	0.164
2014	0.206	0.255	0.034	0.030	0.175	0.229	0.026	0.039	0.146	0.189
2015	0.231	0.233	0.035	0.023	0.198	0.207	0.030	0.034	0.175	0.178
2016	0.197	0.249	0.036	0.025	0.166	0.224	0.027	0.035	0.143	0.191
2017	0.196	0.273	0.031	0.026	0.165	0.247	0.028	0.044	0.144	0.205
均值	0.205	0.240	0.037	0.031	0.172	0.211	0.027	0.035	0.147	0.178

表5 信用市场的变量均值统计（二）

年份	$Rate\_nr1_{i,t}$		$Rate\_nr2_{i,t}$		$Rate\_ar1_{i,t}$		$Rate\_ar2_{i,t}$	
	控制组	研究组	控制组	研究组	控制组	研究组	控制组	研究组
2007	0.024	0.028	0.003	0.003	0.087	0.130	0.072	0.039
2008	0.021	0.028	0.002	0.003	0.080	0.125	0.055	0.034
2009	0.023	0.030	0.002	0.002	0.076	0.139	0.058	0.032
2010	0.025	0.030	0.003	0.004	0.082	0.130	0.051	0.034
2014	0.023	0.034	0.003	0.005	0.085	0.129	0.060	0.060
2015	0.025	0.026	0.003	0.007	0.073	0.134	0.102	0.044
2016	0.024	0.026	0.002	0.008	0.073	0.130	0.070	0.060
2017	0.024	0.034	0.003	0.009	0.070	0.138	0.080	0.067
均值	0.024	0.030	0.003	0.005	0.078	0.132	0.069	0.046

由表4可以看出：从预收与赊销之和（$Rate\_pnar_{i,t}$）、赊销（$Rate\_nar_{i,t}$）、有担保赊销（$Rate\_nr_{i,t}$）及无担保赊销（$Rate\_ar_{i,t}$）总体来看，研究组高于控制组；各年度中，无论事前年度还是事后年度，研究组均高于控制组。

但从预收（$Rate\_pr_{i,t}$）总体来看，研究组低于控制组；各年度中，无论事前年度还是事后年度，研究组均低于控制组。

由表5可以看出：在有担保赊销（$Rate\_nr_{i,t}$）中，无论是银行担保赊销（$Rate\_nr1_{i,t}$）还是非银行担保赊销（$Rate\_nr2_{i,t}$），从总体来看，研究组高于控制组；各年度中，无论事前年度还是事后年度，研究组均高于控制组，而且事后两者的差距在加大。

在无担保赊销（$Rate\_na_{i,t}$）中，从应收账款（$Rate\_ar1_{i,t}$）来看，总体上研究组高于控制组；各年度中，无论事前年度还是事后年度，研究组均高于控制组；从其他应收款（$Rate\_ar2_{i,t}$）来看，总体上研究组低于控制组；各年度中，无论事前年度还是事后年度，研究组均低于控制组（2014年为等于）。

3. 单因素分析

表6为单因素均值分析情况。

表6 单因素均值分析情况

统计量	变量	pat=0 控制组		pat=1 研究组		一阶差分		二阶差分
		事前	事后	事前	事后	控制组	研究组	
均值	Revenue	18.520	19.508	19.035	20.445	0.987***	1.411***	0.423*
	Rate_g	0.276	0.293	0.263	0.276	0.017	0.013	−0.004
	Rate_c	0.275	0.315	0.312	0.306	0.037**	−0.009	−0.046*
	Rate_pnar	0.204	0.208	0.227	0.253	0.005	0.025**	0.021*
	Rate_pr	0.040	0.034	0.035	0.026	−0.006*	−0.009***	−0.003
	Rate_nar	0.168	0.177	0.195	0.227	0.008	0.032***	0.024*
	Rate_nr	0.027	0.027	0.033	0.038	0.001	0.005*	0.005
	Rate_nr1	0.023	0.024	0.029	0.030	0	0.001	0.001
	Rate_nr2	0.003	0.003	0.003	0.007	−0	0.004***	0.004***
	Rate_ar	0.141	0.152	0.165	0.191	0.011	0.026**	0.015
	Rate_ar1	0.082	0.076	0.130	0.133	−0.005	0.002	0.008
	Rate_ar2	0.059	0.077	0.035	0.058	0.018***	0.024***	0.005
	N	328	328	335	335	328	335	663

***、**、*分别表示显著性水平为 0.01、0.05、0.1

1）产品市场

由表6可以看出，从客户集中度（Rate_c）的单因素均值分析结果可以看出：一阶差分下，研究组有下降，但不显著，这一数据说明，资产专用性强时，企业与客户存在相对稳定的买卖关系；二阶差分下，研究组的客户集中度有显著下降，一定程度上验证了假设1。上述结果说明，声誉损失引发的客户集中度的变化在资产专用性程度不同的企业间存在结构性差异，为Johnson等（2014）和辛清泉等（2019）提供了进一步的分析和证据。

从销售收入（Revenue）的单因素均值分析结果可以看出：控制组和研究组事后都有显著上升，二阶差分下，研究组的销售收入上升显著，说明事后违规上市公司都在采取开拓市场的措施，研究组的销售收入增长更快。

从销售毛利率（Rate_g）的单因素均值分析结果可以看出：控制组和研究组之间并无显著差异，这在一定程度上说明，当前科技创新导致的资产专用性尚未显著提高产品的销售毛利率，企业在某种程度上还需要依靠增加销量来维持利润水平。

产品市场的数据表明，蒙受声誉损失后，两组上市公司采取了不同的应对策略，研究组可能更多地采用扩大市场的策略，控制组则采用了维系现有客户的策略。

2）信用市场

由表6的预收与赊销的单因素均值分析结果可以看出：研究组的预收与赊销之和（Rate_pnar）及赊销（Rate_nar）的二阶差分有显著上升，而这种显著上升主要源于赊销的显著上升，预收的变化并不显著。这一结果与假设2a相一致。

从有担保赊销与无担保赊销的单因素均值分析结果可以看出：一阶差分下，研究组的无担保赊销（Rate_ar）有显著上升，二阶差分下，两组并无显著差异；一阶差分下，研究组的有担保赊销（Rate_nr）有显著上升，二阶差分下，两组并无显著差异。但无论事前或事后，研究组均高于控制组，这一定程度上说明，资产专用性较强的违规上市公司有更强的赊销能力。

从有担保赊销的单因素均值分析结果可以看出：二阶差分下，研究组的非银行担保赊销（Rate_nr2）有显著上升，而银行担保赊销（Rate_nr1）并不显著。这一结果与假设2c基本一致。

从无担保赊销的单因素均值分析结果可以看出：二阶差分下，研究组的应收账款（Rate_ar1）虽有上升，但并不显著；其他应收款（Rate_ar2）也不显著。

（二）回归分析

根据研究设计，本文检验了假设1、假设2a~假设2d。

1. 假设1的检验

表7为假设1的回归结果。

表7 产品市场回归分析

变量	Revenue	Rate_g	Rate_c
$Post_{i,t}$	0.323	0.075***	0.079***
	[1.24]	[2.83]	[3.02]
$Pat_{i,t}$	0.146	0.005	0.058***
	[0.85]	[0.29]	[2.90]
$Patp_{i,t}$	−0.020	−0.023	−0.040*
	[−0.09]	[−1.15]	[−1.72]
$Size_{i,t}$	0.716***	0.004	−0.029***
	[8.81]	[0.64]	[−3.07]
$Roe_{i,t}$	−0.564	0.578***	−0.252**
	[−0.64]	[4.80]	[−1.99]
$Lev_{i,t}$	0.329	−0.154***	−0.111**
	[1.01]	[−4.72]	[−2.58]
Tobin's $Q_{i,t}$	−0.084**	0.017***	0.002
	[−2.07]	[4.39]	[0.51]
$Cgp_{i,t}$	−0.102	0.028*	−0.013
	[−0.68]	[1.81]	[−0.62]
$Cgz_{i,t}$	0.002	−0.001**	0.000
	[0.59]	[−2.24]	[0.05]
$Cgs_{i,t}$	−0.055	−0.084	0.084
	[−0.10]	[−1.47]	[1.14]

续表

变量	Revenue	Rate_g	Rate_c
$Cgh_{i,t}$	0.805	−0.013	0.152*
	[1.23]	[−0.19]	[1.78]
Firm&Year's FE	控制	控制	控制
截距项	3.533*	0.136	0.842***
	[1.84]	[0.87]	[4.11]
R^2	0.221	0.120	0.115
调整的 R^2	0.208	0.106	0.101
F 值	18.044	8.678	8.271
N	1 326	1 326	1 326

***、**、*分别表示显著性水平为 0.01、0.05、0.1

注：中括号内为 t 值

根据假设1，本文预期自变量$Patp_{i,t}$在因变量Rate_c所在列的回归系数显著为负值。在表7因变量Rate_c所在列中，$Pat_{i,t}$前的回归系数为0.058，在0.01的水平上显著，这说明事前的资产专用性程度与客户集中度之间呈正相关关系；$Patp_{i,t}$的回归系数为−0.040，在0.1的水平上显著，联系表6的分析结果，与假设1基本一致，结合表3和图1的结果可以判断，研究组的上市公司与客户的关系更为稳定，而且对客户的依赖程度较弱。

此外，本文还对销售收入（Revenue）和销售毛利率（Rate_g）进行了回归分析：尽管在单因素均值分析下，销售收入存在显著增长，但在回归分析中，并没有发现研究组与控制组的差异；与单因素均值分析一致，销售毛利率在控制组和研究组中也没有显著差异。

2. 假设2a、假设2b的检验

表8为假设2a、假设2b的回归结果。

表8 信用市场回归分析（一）

变量	Rate_pnar	Rate_pr	Rate_nar	Rate_nr	Rate_ar
$Post_{i,t}$	0.020	−0.010	0.029*	−0.005	0.035**
	[1.17]	[−1.52]	[1.85]	[−1.03]	[2.11]
$Pat_{i,t}$	0.042***	0.001	0.043***	0	0.054***
	[2.70]	[0.22]	[2.92]	[−0.10]	[3.70]
$Patp_{i,t}$	0.033**	−0.001	0.035**	0.005	0.027**
	[2.19]	[−0.13]	[2.51]	[1.08]	[2.09]
$Size_{i,t}$	−0.023***	0.002	−0.028***	0.004	−0.039***
	[−3.51]	[1.02]	[−4.48]	[1.59]	[−6.32]
$Roe_{i,t}$	0.027	0.022**	0.009	0.003	−0.018
	[0.73]	[2.49]	[0.26]	[0.48]	[−0.45]
$Lev_{i,t}$	0.150***	0.037***	0.125***	−0.010	0.155***
	[4.79]	[4.33]	[4.27]	[−1.27]	[5.05]

续表

变量	Rate_pnar	Rate_pr	Rate_nar	Rate_nr	Rate_ar
Tobin's $Q_{i,t}$	0.006**	0.002**	0.004	0.001	0.005*
	[2.32]	[2.17]	[1.58]	[0.70]	[1.92]
$Cgp_{i,t}$	−0.025*	−0.008*	−0.015	−0.004	−0.009
	[−1.78]	[−1.84]	[−1.15]	[−1.07]	[−0.64]
$Cgz_{i,t}$	0.001*	0	0.001**	0	0**
	[1.96]	[1.01]	[2.22]	[1.21]	[2.31]
$Cgs_{i,t}$	−0.023	−0.025	0.003	−0.006	−0.005
	[−0.45]	[−1.42]	[0.06]	[−0.37]	[−0.10]
$Cgh_{i,t}$	−0.095*	−0.013	−0.090*	−0.009	−0.103**
	[−1.85]	[−0.78]	[−1.86]	[−0.54]	[−2.07]
Firm&Year's FE	控制	控制	控制	控制	控制
截距项	0.664***	−0.024	0.733***	−0.075	0.949***
	[4.49]	[−0.47]	[5.33]	[−1.36]	[6.89]
R^2	0.151	0.199	0.16	0.062	0.232
调整的 R^2	0.131	0.181	0.14	0.040	0.215
F 值	7.825	10.447	8.624	2.857	13.065
N	1 326	1 326	1 326	1 326	1 326

***、**、*分别表示显著性水平为 0.01、0.05、0.1

注：中括号内为 t 值

1）假设2a的检验

根据假设2a，本文预期自变量$Patp_{i,t}$在因变量Rate_nar所在列的回归系数显著为正值。在表8因变量Rate_nar所在列中，自变量$Patp_{i,t}$的回归系数为0.035，在0.05的水平上显著，因此，违规上市公司中，资产专用性较强的上市公司有更多的赊销，这与假设2a相一致。

此外，本文还对预收与赊销之和（Rate_pnar）和预收（Rate_pr）进行了回归分析，$Patp_{i,t}$在前者的回归系数为0.033，在0.05的水平上显著，$Patp_{i,t}$在后者的回归系数为−0.001，不显著。结合前文可以看出，在预收和赊销中，主要是赊销起到了增加销售的作用。

2）假设2b的检验

根据假设2b，本文预期自变量$Patp_{i,t}$在因变量Rate_ar所在列的回归系数显著为正值。在表8因变量Rate_ar所在列中，$Patp_{i,t}$的回归系数为0.027，在0.05的水平上显著，因此，违规上市公司中，资产专用性较强的上市公司有更多的无担保赊销，这与假设2b相一致。

此外，对有担保赊销（Rate_nr）进行回归分析后，$Patp_{i,t}$的回归系数为0.005，不显著。结合前文可以看出，在赊销中，主要是无担保赊销起到了增加赊销的作用。

3. 假设2c、假设2d的检验

表9为假设2c、假设2d的回归结果。

表9　信用市场回归分析（二）

变量	Rate_nr1	Rate_nr2	Rate_ar1	Rate_ar2
$Post_{i,t}$	−0.006	0	0.018	0.018
	[−1.42]	[−0.34]	[1.41]	[1.52]
$Pat_{i,t}$	−0.001	0	0.059***	−0.004
	[−0.17]	[0.16]	[4.63]	[−0.49]
$Patp_{i,t}$	0.001	0.004***	0.018**	0.008
	[0.28]	[3.25]	[2.06]	[0.82]
$Size_{i,t}$	0.004*	0	−0.033***	−0.006
	[1.72]	[0.35]	[−6.10]	[−1.49]
$Roe_{i,t}$	0.004	0.001	0.014	−0.039
	[0.61]	[0.34]	[0.46]	[−1.53]
$Lev_{i,t}$	−0.009	0	0.096***	0.058***
	[−1.17]	[−0.33]	[4.12]	[3.09]
Tobin's $Q_{i,t}$	0.001	0	0.001	0.005
	[0.80]	[−0.54]	[0.62]	[1.65]
$Cgp_{i,t}$	−0.002	−0.002**	0	−0.008
	[−0.49]	[−2.09]	[−0.01]	[−1.09]
$Cgz_{i,t}$	0	0	0**	0
	[1.29]	[0.13]	[1.99]	[0.80]
$Cgs_{i,t}$	−0.009	0.000	0.030	−0.038
	[−0.63]	[−0.05]	[0.85]	[−1.24]
$Cgh_{i,t}$	−0.004	−0.003	−0.026	−0.079**
	[−0.27]	[−0.90]	[−0.70]	[−2.29]
Firm&Year's FE	控制	控制	控制	控制
截距项	−0.079	−0.001	0.729***	0.221**
	[−1.57]	[−0.06]	[6.19]	[2.32]
R^2	0.058	0.054	0.245	0.159
调整的 R^2	0.036	0.032	0.227	0.139
F 值	2.636	2.461	13.977	8.156
N	1 326	1 326	1 326	1 326

***、**、*分别表示显著性水平为 0.01、0.05、0.1

注：中括号内为 t 值

1）假设2c的检验

根据假设2c，本文预期自变量$Patp_{i,t}$在因变量Rate_nr2所在列的回归系数显著为正值。在表9因变量Rate_nr2所在列中，自变量$Patp_{i,t}$的回归系数为0.004，在0.01的水平上显著，因此，违规上市公司中，资产专用性较强的上市公司有更多的非银行担保赊销，这与假设2c相一致。

比较有担保赊销（Rate_nr）、银行担保赊销（Rate_nr1）和非银行担保赊销（Rate_nr2）的回归结果：在表8中，$Patp_{i,t}$在Rate_nr前的回归系数为0.005，不显著；在表9中，$Patp_{i,t}$

在Rate_nr1前的回归系数为0.001，不显著，$Patp_{i,t}$在Rate_nr2前的回归系数为0.004，在0.01的水平上显著。因此，有担保赊销中，非银行担保赊销能够显著增加赊销。

2）假设2d的检验

根据假设2d，本文预期自变量$Patp_{i,t}$在因变量Rate_ar1所在列的回归系数显著为正值。在表9因变量Rate_ar1所在列中，自变量$Patp_{i,t}$的回归系数为0.018，在0.05的水平上显著，因此，违规上市公司中，资产专用性较强的上市公司有更多的应收账款赊销，这与假设2d相一致。

比较无担保赊销（Rate_ar）、应收账款（Rate_ar1）和其他应收款（Rate_ar2）的回归结果：在表8中，$Patp_{i,t}$在Rate_ar前的回归系数为0.027，在0.05的水平上显著；在表9中，$Patp_{i,t}$在Rate_ar1前的回归系数为0.018，在0.05的水平上显著，$Patp_{i,t}$在Rate_ar2前的回归系数为0.008，不显著。因此，无担保赊销中，应收账款能够显著增加赊销[①]。

（三）稳定性检验

为保证结论的稳定性，本文还做了以下检验工作。

（1）调整因变量的指标检验，本文将因变量分别扣除中位数和均值后进行了回归。

（2）调整自变量的指标检验，本文对专利数量取自然对数后进行了回归。

（3）倾向得分匹配配对检验，本文采用倾向得分匹配更换样本进行了回归。

上述检验结果与前文结果基本一致，不再进行列示。

六、研究结论、启示与局限性

本文研究了受到外生冲击后，企业科技创新形成的资产专用性在产品市场和信用市场的经济后果，发现了资产专用性影响违规上市公司客户集中度的证据，也发现了资产专用性通过产品市场的销售行为影响信用市场的证据。

（一）研究结论

通过对比资产专用性强的上市公司与资产专用性弱的上市公司在违规前后的变化，本文得到如下结论。

第一，两者在销售毛利率上并无显著差异，但前者的客户依赖程度低，销售收入增长快。

① 此外，本文还对应收账款和其他应收款的坏账准备率进行了分析：在单因素分析中，研究组的坏账准备率均显著低于控制组的坏账准备率，但二阶差分下两者并不显著；在回归分析中，资产专用性程度（$Pat_{i,t}$）与坏账准备率显著负相关，但交乘项（$Patp_{i,t}$）并不显著。这说明声誉损失并未显著影响两组的客户信用。

第二，两者在预收上并无显著差异，但前者在赊销上显著高于后者。

第三，两者在有担保赊销上并无显著差异，但在构成上有差异，前者的非银行担保赊销显著高于后者。

第四，两者在无担保赊销上存在显著差异，前者的无担保赊销显著高于后者，无担保赊销的差异主体现在应收账款。

（二）研究启示

本文的启示意义体现在两个层面。

一是需要进一步认识科技创新形成的关系型投资在经济交易中的作用。基于科技创新的资产专用性不但有助于企业稳定客户关系，而且有助于开拓市场、扩大赊销，控制产品市场和信用市场的风险。

二是需要进一步重视以科技进步为基础的创新，提高核心竞争力。归根结底，企业提供的高质量产品是立足之本，因此，以科技创新为中心，不断提高产品质量，持续推进产品更新迭代，再辅以其他方法，方是企业的长生久视之道。

（三）局限性

本文的研究局限性如下所示。

一是关于资产专用性的衡量。本文选择科技创新形成的资产专用性作为切入点，采用上市公司研发创新形成的国内外专利数量作为替代变量，对违规上市公司进行研究。但这一替代变量有两个局限性：其一，不同专利的性质差异。企业拥有的专利，在重要性上并不完全等同，有的企业虽然专利数量不多，但可能拥有的专利是本领域的核心专利，影响程度大。其二，非专利技术的问题。除专利外，企业不公开的非专利技术也是资产专用性的表现，企业独特的设计、配方、计算公式、软件包、制造工艺等常常是企业的核心竞争力，采用保密手段保护，无法从公开渠道获取。本文并未考虑不同专利的性质差异和非专利技术的问题，因而对资产专用性的衡量存在局限性。

二是关于交易合同的细分。本文基于交易合同应当与资产专用性和交易的频率相匹配的理论（Williamson 1979），研究了资产专用性对上市公司在产品市场和信用市场的交易行为。然而，实务当中有两个因素令实证检验存在局限性：其一，企业与客户的合同类型差异。企业与客户进行交易时，签订的可能是长期合同，也可能是短期合同，还可能以连续的短期合同替代长期合同，在数据库中无法发现这些差异。其二，企业与客户的合同内容差异。企业与客户进行交易时，不同的合同在内容上也存在很多差异，如企业与客户可能先签订框架性合同，对产品数量、质量、标准、付款方式等进行总体约定，再根据客户的具体要求在不同时期签订细化合同，解决细节性问题，在数据库中也无法发现这些差异。本文并未考虑上述合同类型与合同内容差异的问题，因而也存在一定局限性。

七、结 束 语

本文通过理论分析和实证检验，研究了受到外生冲击后，企业科技创新形成的资产专用性在产品市场和信用市场的经济后果，在客户端发现了资产专用性影响客户集中度的证据，也发现了资产专用性影响商业信用模式的证据。本文深化了创新领域的研究路径，深入合同治理内部，进一步研究了资产专用性与合同治理的关系，解释了客户集中度和商业信用模式问题。在未来的研究中，我们需要沿着价值链延伸到上游企业，关注企业与供应商之间的交易行为，继续深入研究这一问题。

参 考 文 献

陈冬华，李真. 2015. 乡土与城邦. 会计研究，（1）：4-14.

陈峻，王雄元，彭旋. 2015. 环境不确定性、客户集中度与权益资本成本. 会计研究，（11）：76-82.

陈运森，王玉涛. 2010. 审计质量、交易成本与商业信用模式. 审计研究，（6）：77-85.

程宏伟. 2004. 隐性契约、专用性投资与资本结构. 中国工业经济，（8）：105-111.

崔静波，张学立，庄子银，等. 2021. 企业出口与创新驱动——来自中关村企业自主创新数据的证据. 管理世界，（1）：76-87.

党力，杨瑞龙，杨继东. 2015. 反腐败与企业创新——基于政治关联的解释. 中国工业经济，(7):146-160.

黎文靖，郑曼妮. 2016. 实质性创新还是策略性创新——宏观产业政策对微观企业创新的影响. 经济研究，51（4）：60-73.

李增泉. 2017. 关系型交易的会计治理——关于中国会计研究国际化的范式探析. 财经研究，43（2）：4-33.

李增泉，孙铮，王志伟. 2004. “掏空”与所有权安排——来自我国上市公司大股东资金占用的经验证据. 会计研究，（12）：3-13.

李增泉，叶青，贺卉. 2011. 企业关联、信息透明度与股价特征. 会计研究，（1）：44-51.

刘凤委，李琳，薛云奎. 2009. 信任、交易成本与商业信用模式. 经济研究，44（8）：60-72.

唐松，王俊杰，马杨，等. 2017. 可抵押资产、社会网络与商业信用. 南开管理评论，20（3）：53-64.

唐跃军. 2009. 供应商、经销商议价能力与公司业绩——来自2005—2007年中国制造业上市公司的经验证据. 中国工业经济，（10）：67-76.

王少飞，何小杨，周国良，等. 2010. 关系型投资与审计行为. 财经研究，（5）：16-26.

王雄元，王鹏，张金萍. 2014. 客户集中度与审计费用：客户风险抑或供应链整合. 审计研究，（6）：72-82.

王永海，范明. 2004. 资产专用性视角下的资本结构动态分析. 中国工业经济，（1）：93-98.

伍琼，方军雄，褚剑. 2016. 客户集中度与上市公司股价信息含量——基于股价同步性的证据. 投资研究，35（11）：4-21.
夏立军，王珊. 2018. 南辕北辙，还是在路上？——中国会计研究国际化进程观察. 当代会计评论，(4)：24-49.
辛清泉，邓茜丹，刘星. 2020. 中国制造业上市公司资本投资下降之谜. 当代会计评论，（2）：11-34.
辛清泉，周静，胡方. 2019. 上市公司虚假陈述的产品市场后果. 会计研究，（3）：25-31.
徐经长，何乐伟，杨俊华. 2020. 创新是公司并购的驱动因素吗——来自中国上市公司的经验证据. 会计研究，（12）：29-42.
徐经长，汪猛. 2017. 企业创新能够提高审计质量吗？会计研究，（12）：80-86.
许楠，刘浩，蔡伟成. 2018. 独立董事人选、履职效率与津贴决定——资产专用性的视角. 管理世界，34（3）：109-123.
薛成，孟庆玺，何贤杰. 2020. 网络基础设施建设与企业技术知识扩散——来自“宽带中国”战略的准自然实验. 财经研究，46（4）：48-62.
杨志强，唐松，李增泉. 2020.资本市场信息披露、关系型合约与供需长鞭效应——基于供应链信息外溢的经验证据. 管理世界，36（7）：89-105，217.
张敏，马黎珺，张胜. 2012. 供应商—客户关系与审计师选择. 会计研究，（12）：81-86.
张维迎，柯荣住. 2002. 信任及其解释：来自中国的跨省调查分析. 经济研究，（10）：59-70.
张学勇，柳依依，罗丹，等. 2017. 创新能力对上市公司并购业绩的影响. 金融研究，（3）：159-175.
Ak B K，Patatoukas P N. 2015. Customer-base concentration and inventory efficiencies：evidence from the manufacturing sector. Production & Operations Management，25（2）：258-272.
Banerjee S，Dasgupta S，Kim Y. 2010. Buyer-supplier relationships and the stakeholder theory of capital structure. Journal of Finance，63（5）：2507-2552.
Benfratello L，Schiantarelli F，Sembenelli A. 2008. Banks and innovation：microeconometric evidence on Italian firms. Journal of Financial Economics，90（2）：197-217.
Bena J，Li K. 2014. Corporate innovations and mergers and acquisitions. The Journal of Finance，69（5）：1923-1960.
Bourveau T，She G M，Zaldokas A. 2020. Corporate disclosure as a tacit coordination mechanism：evidence from Cartel enforcement regulations. Journal of Accounting Research，58（2）：295-332.
Campelloa M，Gao J. 2017. Customer concentration and loan contract terms. Journal of Financial Economics，123（1）：108-136.
Cen L，Maydew E L，Zhang L D，et al. 2017. Customer-supplier relationships and corporate tax avoidance. Journal of Financial Economics，123（2）：377-394.
Chava S，Oettl A，Subramanian A，et al. 2013. Banking deregulation and innovation，Journal of Financial Economics，109（3）：759-774.
Chen H，Jeter D. 2008. The role of auditing in buyer-supplier relations. Journal of Contemporary Accounting and Economics，4（1）：1-17.
Chircop J，Collins D W，Hass L H，et al. 2020. Accounting comparability and corporate innovative efficiency. The Accounting Review，95（4）：127-151.
Coase R H.1937. The nature of the firm. Economica，4：386-405.
Dai L L，Shen R，Zhang B H. 2021. Does the media spotlight burn or spur innovation? Review of Accounting Studies，26：343-390.
Dhaliwal D，Judd J S，Serfling M A，et al. 2016. Customer concentration risk and the cost of equity capital. Journal of Accounting and Economics，61（1）：23-48.

Grossman S，Hart O. 1986. The cost and benefit of ownership：a theory of vertical and lateral integration. Journal of Political Economy，94：691-719.

Hart O，Holmstrom B. 2010. A theory of firm scope. The Quarterly Journal of Economics，125（2）：483-513.

Hart O，Moore J. 1990. Property rights and the nature of the firm. Journal of Political Economy，98（6）：1119-1158.

Hayek F A，1945. The use of scientific knowledge in society. American Economic Review，35（4）：519-530.

He J，Tian X. 2018. Finance and corporate innovation：a survey. Asia-Pacific Journal of Financial Studies，47（2）：165-212.

Holmstrom B，Roberts J. 1998，The boundaries of the firm revisited. The Journal of Economic Perspectives，12（4）：73-94.

Hsu P H，Tian X，Xu Y. 2014，Financial market development and innovation：cross-country evidence. Journal of Financial Economics，112（1）：116-135.

Huang H H，Lobo G J，Wang C，et al. 2016. Customer concentration and corporate tax avoidance. Journal of Banking and Finance，72（C）：184-200.

Itzkowitz J. 2012. Customers and cash：how relationships affect suppliers' cash holdings. Journal of Corporate Finance，19（1）：159-180.

Johnson W C，Xie W，Yi S. 2014. Corporate fraud and the value of reputations in the product market. Journal of Corporate Finance，25（2）：16-39.

Kalwani M U，Narayandas N. 1995. Long-term manufacturer-supplier relationships：do they pay off for supplier firms. Journal of Marketing，59（1）：1-16.

Khanna T，Thomas C. 2009. Synchronicity and firm interlocks in an emerging market. Journal of Financial Economics，92（2）：182-204.

Klein B，Crawford R，Alchian A A. 1978. Vertical integration，appropriable rents，and the competitive contracting process. Journal of Law and Economics，21（2）：297-326.

Kochhar R. 1997. Strategic assets，capital structure，and firm performance. Journal of Financial and Strategic Decisions，10（3）：23-36.

Kreps D，Wilson R. 1982. Reputation and imperfect information. Journal of Economic Theory，27（2）：253-279.

Masulis R W，Mobbs S. 2014. Independent director incentives：where do talented directors spend their limited time and energy? Journal of Financial Economics，111（2）：406-429.

Raman K，Shahrur H. 2008. Relationship specific investment and earnings management：evidence on corporate suppliers and customers. The Accounting Review，83（4）：1041-1081.

Titman S，Wessels R. 1988. The determinants of capital structure choice. The Journal of Finance，43（1）：1-19.

Vilasusoh J，Minkler A. 2001. Agency costs，asset specificity，and the capital structure of the Firm. Journal of Economic Behavior and Organization，44（1）：55-69.

Williamson O E. 1979. Transaction cost economies：the governance of contractual relations. Journal of Law and Economics，22（2）：233-261.

Williamson O E. 1988. Corporate finance and corporate governance. Journal of Finance，43（3）：567-591.

Zhao X. 2009. Technological innovation and acquisitions. Management Science，55（7）：1170-1183.

Do Innovations Influence Customer Concentration and the Business Credit Model? An Empirical Study Based on Listed Companies in China

Zhiwei Wang
School of Accounting, Shanghai Lixin University of Accounting and Finance, Shanghai, China 201620

Abstract: This paper examines the impact of asset specialization stemming from scientific and technological innovations on customer concentration and the business credit model. Using a sample of listed companies in China that violate regulations, we use the difference-in-difference (DiD) methodology to examine the effect of asset specialization resulting from scientific and technological innovations on firm performance during the four years before and the four years after the violation. In a comparison of the changes in firm performance for firms with strong and weak asset specialization, we find that (1) even though there appears to be no significant difference in the changes in gross profits for the two types of firms, firms with strong asset specialization rely less on a few big customers and their sales revenues increase faster; (2) there appears to be no significant difference in prepayments between the two types of firms, but firms with strong asset specialization have significantly higher sales on credit; (3) there appears to be no significant difference in sales on credit with outside guarantee between the two types of firms, but firms with high asset specialization have significantly higher sales on credit with outside non-bank guarantee; (4) firms with high asset specialization have significantly higher sales on credit without outside guarantee, which are mainly driven by the differences in accounts receivables. The paper is motivated by the theory of Williamson (1979) and shows evidence that asset specialization arising from innovations influences customer concentration and the business credit model. Moreover, our results suggest that corporate invvoations influence not only a firm's product market competitive position but also its financial behavior in capital markets and thus complement the existing results on the implications of innovations for firm product market behavior. In future research work, it is interesting to trace the value chain back to the upstream firms and study the transactional behavior between firms and their suppliers.

Keywords: asset specilization; trust; credit.

当代会计评论
第14卷第1辑
2021年

Contemporary Accounting Review
Vol.14 No.1
2021

企业异质性、环保补贴与企业绿色投资*

程博[1]　毛昕旸[2]
（1. 南京审计大学会计学院，江苏 南京 211815；2. 上海立信会计金融学院会计学院，上海 201620）

【摘要】 环境外部性使得企业缺乏足够的环境治理动机，政府环保补贴作为一项重要的支持政策，能否有效地激励企业进行绿色投资对深化环境治理、推动绿色发展等方面具有重要的理论价值和现实意义。为此，本文从资源获取和信号传递的角度探讨政府环保补贴对企业绿色投资的影响，并考察产权性质、行业属性和环保经历等异质性特征对政府环保补贴有效性的调节效应。研究发现，政府环保补贴对企业绿色投资行为起到了积极的推动作用，并且政府环保补贴对企业绿色投资的促进作用在国有企业、重污染企业和有环保经历的企业中更为明显。进一步研究发现，绿色投资有助于企业获得更多的信贷资金和提升股票流动性。本文的研究有助于解释企业与利益相关者面临环境问题时的关系变化，尤其是理解政府环保补贴对企业绿色投资行为的驱动机制，其结论对进一步完善政府环境监督职能、深化环境治理及相关环境政策的制定具有一定的启示意义。

【关键词】 绿色投资　政府环保补贴　企业异质性　资源获取　信号传递

一、引　　言

绿色发展作为经济发展的新动能，是在生态环境负荷和资源承载力的约束条件下，将环境保护作为实现可持续发展重要支柱的一种新型发展模式，也是未来中国经济可持

---

* 程博，教授，E-mail：bondcheng@vip.sina.com；毛昕旸（通讯作者），讲师，E-mail：mxy051215@126.com。本文受到浙江省科技厅软科学重点项目“企业亲环境行为的驱动因素、决策选择与长效机制研究：以浙江省为例”（2020C25014）、国家自然科学基金青年项目“‘一带一路’战略下跨国并购经济后果研究：基于行业的视角”（72002130）、上海市浦江人才计划“新审计报告改革的经济后果——基于大数据文本分析方法”（2019PJC074）的资助。感谢匿名审稿专家和编辑部老师提出的宝贵修改意见，当然，文责自负。

续发展的关键。如何有效落实绿色发展理念，缓解环境污染的负外部性，推动经济可持续发展一直是学术界和实务界迫切需要解决的问题。环境问题的负外部性特征使得企业缺乏足够的环境治理动机，而环境外部成本制度化和内在化及采取适当的激励措施是解决这一问题的有效路径。现有文献大多聚焦在如何将环境外部成本制度化，以及如何将外部成本转化为内部成本方面(Pearce 1991，Gradus and Smulders 1996，Taylor et al. 2005，Lanoie et al. 2008，Aerts and Cormier 2009，Leiter et al. 2011，Tang Z and Tang J 2013，沈洪涛和马正彪 2014，梁平汉和高楠 2014，刘隆亨和翟帅 2016，张济建等 2016，叶金珍和安虎森 2017，Hakkon et al. 2017，Zhang et al. 2019，崔广慧和姜英兵 2019，张琦等 2019，唐国平和刘忠全 2019)，较少涉及环境激励机制与政策对企业绿色发展影响方面的探讨，这与当前管理实践与环境治理问题的迫切性存在某种脱节。

“波特效应”假说认为，绿色投资能够促使企业加大清洁技术的创新与运用，进而抵消部分甚至全部的环境成本，最终实现环境治理与盈利目标的双赢(Porter 1991，Porter and Linde 1995，张琦等 2019)。不言而喻，绿色投资需要耗费大量的资金，短期受益方是社会而非企业，并且可能会使企业短期财务状况变得更“糟糕”，以至于偏好短期确定利润和自身经济效益的理性企业家增加绿色投资的动力略显不足（ Orsato 2006，宋马林和王舒鸿 2013，张济建等 2016 ）。本文数据显示，企业绿色投资年度新增规模各年差异较大，在2015年之前呈现下降趋势，而在2015年之后呈现上升趋势（图1）。随着环境规制的增强，企业绿色投资规模也随之增加，图1中的拐点在2015年，正是“史上最严”的《中华人民共和国环境保护法》(简称《环境保护法》，2015年1月1日实施）的实施改变了企业绿色投资趋势。

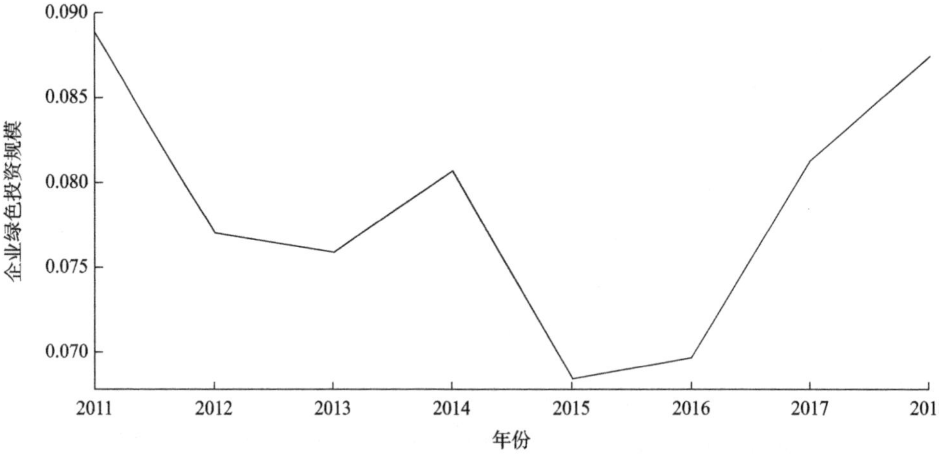

图1 2011~2018年企业绿色投资年度平均水平趋势

值得注意的是，实现绿色发展的一个关键因素是解决绿色投资不足的问题。除了环境规制的约束外，政府环保补贴作为一项重要的支持政策，能否有效地激励企业进行绿色投资对深化环境治理、推动绿色发展等方面具有重要的理论价值和现实意义，而现有的研究并没有给予足够的关注和重视。实际上，为激励企业节能减排、污染防治和绿色生产，环境法律法规已有明确的规定。例如，《环境保护法》第十一条和《中华人民共和国环境保护税法》(2018年1月1日实施)第二十四条均明确规定了对经济主体的环境保护行为予以鼓励和支持的政策。那么，政府环保补贴能否激励企业绿色投资？产权性质、行业属性及环保经历差异是否影响政府环保补贴对企业绿色投资的激励效果？

为了回答上述问题，本文以2011~2018年中国A股上市公司数据为研究样本，考察了政府环保补贴对企业绿色投资的影响，以及产权性质、行业属性和环保经历等异质性特征对政府环保补贴有效性的调节效应。研究发现：①政府环保补贴对企业绿色投资行为起到了积极的推动作用，即与无政府环保补贴的企业比较，获得政府环保补贴的企业绿色投资规模显著增加了5.5%；②政府环保补贴对企业绿色投资的促进作用在国有企业、重污染企业和有环保经历的企业中更为明显；③绿色投资有助于企业获得更多的信贷资金和提升股票流动性。

相比以往文献，本文可能的贡献主要体现在以下方面：①现有研究文献大多集中在环境规制如何将环境外部成本制度化和内部化方面(Lanoie et al. 2008, Leiter et al. 2011, Tang Z and Tang J 2013, Zhang et al. 2019, 张济建等 2016, 崔广慧和姜英兵 2019, 张琦等 2019, 唐国平和刘忠全 2019)，较少涉及环境激励机制和政策对绿色投资的影响，而本文从资源获取和信号传递的角度探讨政府环保补贴对企业绿色投资的影响，丰富和拓展了绿色投资及环境治理方面的文献；②将产权性质、行业属性和环保经历等异质性特征嵌于政府环保补贴有效性研究框架，不仅弥补了以往较少关注情景机制的不足，而且为评估政府环保补贴有效性提供了微观证据，有助于更好地理解不同异质性特征企业的绿色投资行为；③本文从资源获取和信号传递的角度剖析了政府环保补贴对企业绿色投资行为的影响机理，而且从债务融资和股票流动性两个角度考察了绿色投资的经济后果，这不仅丰富了绿色投资的影响因素及其经济后果方面的文献，而且对进一步完善政府环保补贴相关政策的制定及政府部门加强对企业环境治理的督导与监管具有一定的参考价值。

余文结构安排如下：第二部分为理论分析与研究假说，梳理相关文献进行并发展本文的待检验假说；第三部分为研究设计，介绍本文的样本选取、模型设定及变量定义；第四部分为实证检验与结果分析，包括描述性统计、相关性分析、基本回归结果分析和经济后果检验；第五部分为稳健性检验，包括控制《环境保护法》修订的影响、工具变量回归检验、倾向得分匹配检验和改变变量测量的检验；第六部分为研究结论。

二、理论分析与研究假说

学术界关于政府提供环保补贴对企业环境治理的有效性主要有以下三种观点：第一，环境外部性特征使得理性经济人增加绿色投资的动力略显不足，政府提供的环保补贴可以降低企业环境治理的边际成本，有助于纠正绿色投资中的市场失灵（崔广慧和姜英兵 2019)；第二，环境问题的专业性和隐蔽性加剧了资金提供者与企业之间的信息不对称，而政府提供的环保补贴不仅可以缓解企业融资约束，而且具有质量甄别和信号传递作用，有助于降低企业与资金提供者之间的信息不对称（Richardson and Welker 2001，Verrecchia 2001，Dhaliwal et al. 2012，刘常建等 2019）；第三，由于资源的稀缺性，企业为获取政府环保补贴进行寻租从而扭曲了政府环保补贴激励企业绿色投资的初衷（范俊玉 2011，张彦博和李琪 2013）。至今，学术界对政府环保补贴能否激励企业绿色投资并未得到一致的结论。为了更直观地识别政府环保补贴与企业绿色投资之间的关系，本文使用企业绿色投资规模数据，描述有政府环保补贴和无政府环保补贴的两类企业的绿色投资水平差异。图2描述了有政府环保补贴和无政府环保补贴的两类企业2011~2018年的绿色投资规模的变化趋势。可以看出，无政府环保补贴企业的绿色投资规模明显低于有政府环保补贴企业的绿色投资规模。这初步说明，政府环保补贴对企业绿色投资具有积极的推动作用。

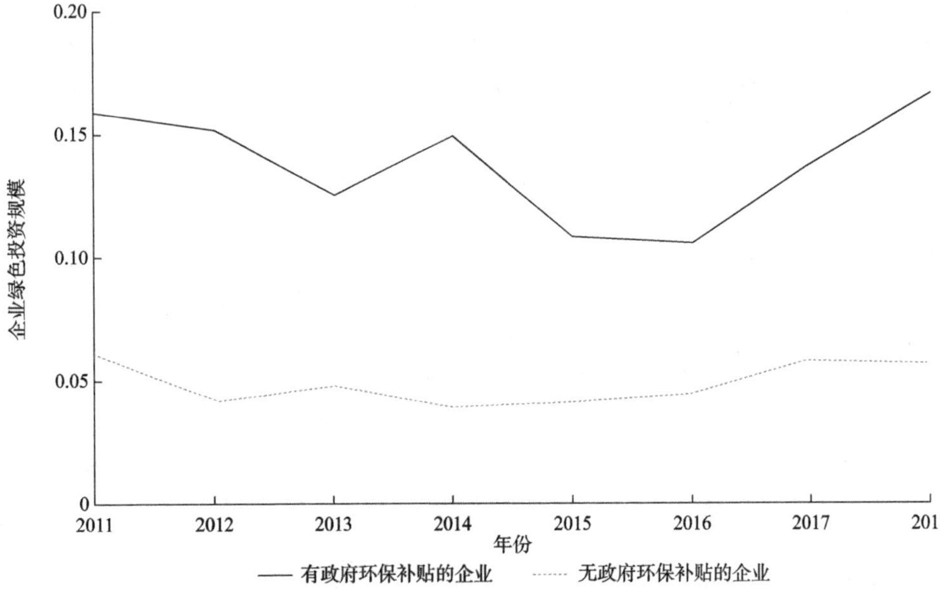

图2　2011~2018年两类企业绿色投资规模的变化趋势

事实上，政府环保补贴对企业绿色投资的促进作用可以归结为两方面。第一，企业绿色投资具有投资期限长、成本高、收益不确定等特点，并不能短时间改善企业财务绩效（张济建等 2016，崔广慧和姜英兵 2019）。基于资源基础观视角，政府环保补贴能够补充企业自身缺乏的资源，降低企业自身环保投资的边际成本、不确定性及分散企业绿色投资活动的风险。因此，政府对环境治理给予一定的补贴措施，使得企业有强烈动机加大绿色投资力度，不仅可以获得政府环保补贴、资金扶持等稀缺性资源，而且有助于其与地方政府建立良好的互动关系，为未来获取政府资源赢得先机。第二，基于信号理论视角，政府环保补贴具有质量甄别和信号传递作用，将利好投资的信号传递给私人投资者，帮助企业贴上被政府认可的标签，进而缓解企业融资约束和帮助企业获取相应的资源，同时，也会向投资者、债权人、消费者等利益相关者传递绿色发展的信号，赢得利益相关者的认可。基于此，无论从资源获取还是信号传递角度，政府环保补贴可以激励企业加大绿色投资规模。据此，提出如下研究假设。

假设1：其他条件不变，与无政府环保补贴的企业相比，有政府环保补贴的企业绿色投资规模更大。

由于不同企业资源禀赋的差异，政府环保补贴对绿色投资决策的影响也会有所差异。其中，不同产权性质的企业在自身资源禀赋和制度逻辑两方面存在差异使其在利用政府环保补贴进行绿色投资的资源获取和信号传递两个具体机制方面表现有所不同（杨洋等 2015）。首先，与非国有企业相比，国有企业在资源禀赋上具有明显的优势，尤其是在承担诸如环境治理、扩大就业、维护稳定等政策性目标时，政府会给予额外的补贴和优惠（Chen et al. 2011，Liang et al. 2012），这一“兜底”措施解决了国有企业承担政策性目标的“后顾之忧”。其次，“绿水青山就是金山银山”的生态治理与绿色发展理念是中国经济未来可持续发展的关键，政府对于环境污染的治理正以前所未有的关注度和力度积极推进。与非国有企业不同，国有企业本身的主要制度逻辑为政府主导逻辑，其响应政策导向的主动性更强，管理层利用获取政府环保补贴对外发送信号的动机与非国有企业也有所不同，国有企业管理层往往是上级主管部门行政任命的，其发送信号不仅仅是为了获取外部资源而进行“表白”，更为重要的是向上级主管部门“表功”。因此，与非国有企业相比，国有企业管理层通过政府环保补贴这一途径获取资源和信号传递的作用被进一步放大，最终加大了国有企业绿色投资规模。据此，本文提出如下研究假设。

假设2：其他条件不变，与非国有企业相比，政府环保补贴对企业绿色投资的促进作用在国有企业中更为明显。

与非重污染企业相比，重污染企业作为政府环境监管的重要对象，政府环保补贴对其绿色投资规模的影响可能更大，原因如下：首先，重污染企业作为工业企业污染排放的重要源头，受公众、媒体、监管部门及其利益相关者关注的程度更高，环境治理的压力也随之增大；基于资源观视角，政府环保补贴可以降低企业环境治理的边际成本，从而使得重污染企业较非重污染企业获取政府环保补贴加大绿色投资决策动机也存在差异。其次，基于信号理论视角，重污染企业有强烈动机通过获取政府环保补贴发送信号来规避或者减轻公众和监管部门关注过多招致的政治成本并且获取相应的资源，进而加大绿色投资规模。据此，本文提出如下研究假设。

假设3：其他条件不变，与非重污染企业相比，政府环保补贴对企业绿色投资的促进作用在重污染企业中更为明显。

企业董事、监事、高管成员作为管理和监督的核心，为了应对来自外界或内部的环保压力，其绿色投资行为可能会受到环保经历的影响。已有文献发现，具有高水平环保意识的高管会出于社会责任和道德约束开展绿色创新活动（徐建中等 2017），并且能够显著提高企业绿色转型水平（毕茜等 2019）。首先，由于环境保护工作具有长期性、自主性，具有环保经历的企业能够更好地把握环境政策和资源获取机会，有动机响应政策需求获取政府环保补贴，进而降低绿色投资的风险和环境治理的边际成本（黎文靖和郑曼妮 2016）。其次，环保经历提高了企业环境风险感知，更能了解投资者、债权人、社会公众及监管部门的诉求，进一步放大了政府环保补贴的信号传递功能，从而促使企业加大绿色投资水平（毕茜等 2019）。据此，本文提出如下研究假设。

假设4：其他条件不变，与无环保经历的企业相比，政府环保补贴对企业绿色投资的促进作用在有环保经历的企业中更为明显。

三、研 究 设 计

（一）样本选取与数据来源

本文选取中国A股上市公司为研究样本，考察政府环保补贴对企业绿色投资规模的影响。在数据处理时，剔除金融类上市公司、ST（special treatment，特别处理）、*ST上市公司及核心数据缺失的样本，最终筛选出20 465个公司/年度观测值。本文的企业绿色投资数据来源于上市公司年报附注中的“在建工程”项目，具体包括脱硫项目、脱销项目、污水处理、环保设计与节能、“三废”（废气、废水、废渣）回收，以及与环保有关的技术改造等绿色投资项目数据加总，取得企业当年绿色投资增加额数据；政府环保补贴数据来源于上市公司年报附注中的“政府补助”明细项目，主要包括企业获得的环污染物在线监测、烟气脱硫、COD（chemical oxygen demand，化学需氧量）减排奖励、废水处理、环境治理等数据。其他财务数据来源于CSMAR和Wind金融数据库。为了减轻异常值可能带来的影响，本文对所有连续变量均在上下1%的水平上进行了缩尾处理。

（二）回归模型设定与变量说明

首先，回归模型（1）检验在不考虑企业异质性特征时政府环保补贴对企业绿色投资规模的影响。其中，GREEN_INV为被解释变量，代表企业绿色投资规模，取值为企业环保投资水平。参照Patten（2005）、黎文靖和路晓燕（2015）、胡珺等（2017）、程博等（2018）、张琦等（2019）的研究，采用当年新增环境资本支出金额占企业总资产的比例度量企业环保投资水平。SUB为关键解释变量，取值为1代表该企业当年获得政府环保补贴，取值为0代表该企业当年未获得政府环保补贴。X为一系列的控制变量，ε为随机误差项。

$$\mathrm{GREEN\_INV} = \alpha + \beta_1 \times \mathrm{SUB} + \eta \times X + \mathrm{IND} + \mathrm{YEAR} + \varepsilon \tag{1}$$

其次，为了考察企业异质性特征对政府环保补贴与企业绿色投资二者关系的调节效应，设定回归模型（2）~模型（4）。其中，SOE为产权性质，取值为1代表国有企业，取值为0代表非国有企业。POLL为行业属性，参照刘运国和刘梦宁（2015）、胡珺等（2017）的研究，根据生态环境部公布的《上市公司环境信息披露指南》，结合中国证券监督管理委员会2012年修订的《上市公司行业分类指引》，将研究样本划为重污染行业（包括采掘业、纺织服务皮毛业、金属非金属业、生物医药业、石化塑胶业、造纸印刷业、水电煤气业和食品饮料业）和非重污染行业两组，取值为1代表重污染企业，取值为0代表非重污染企业。EXP为环保经历，借鉴毕茜等（2019）的做法，如果企业董事、监事、高管人员有在政府环保部门或环保协会任职、环保企业任职、参与过与环保有关的项目、取得与环保相关的学位证书或专利技术等与环保活动相关的经历时，取值为1代表有环保经历的企业，取值为0代表无环保经历的企业。

$$\text{GREEN\_INV} = \alpha + \beta_1 \times \text{SUB} \times \text{SOE} + \beta_2 \times \text{SUB} + \beta_3 \times \text{SOE} + \eta \times X + \text{IND} + \text{YEAR} + \varepsilon \tag{2}$$

$$\text{GREEN\_INV} = \alpha + \beta_1 \times \text{SUB} \times \text{POLL} + \beta_2 \times \text{SUB} + \beta_3 \times \text{POLL} + \eta \times X + \text{IND} + \text{YEAR} + \varepsilon \tag{3}$$

$$\text{GREEN\_INV} = \alpha + \beta_1 \times \text{SUB} \times \text{EXP} + \beta_2 \times \text{SUB} + \beta_3 \times \text{EXP} + \eta \times X + \text{IND} + \text{YEAR} + \varepsilon \tag{4}$$

参考已有文献设定，本文回归模型中选取了企业规模（SIZE）、财务杠杆（LEV）、营利能力（ROA）、成长能力（GROWTH）、上市年龄（AGE）、经营活动现金流（CASH）、股权集中度（FIRST）、两职合一（DUAL）和独立董事比例（INDEP）作为主要控制变量。此外，回归模型中还控制了行业（IND）和年度（YEAR）固定效应。主要变量定义如表1所示。

表1　主要变量定义

变量符号	变量定义
GREEN_INV	企业绿色投资规模，企业当年新增环境资本支出金额占企业总资产的比例 × 100
SUB	政府环保补贴，若企业当年获得政府环保补贴时取值为 1，否则取值为 0
SOE	产权性质，国有企业取值为 1，非国有企业取值为 0
POLL	行业属性，若企业是重污染企业定义 POLL=1，否则定义 POLL=0
EXP	环保经历，企业董事、监事、高管有从事过与环保活动相关的经历时定义 EXP=1，否则定义 EXP=0
SIZE	企业规模，企业总资产的自然对数
LEV	财务杠杆，负债总额与总资产之比
ROA	营利能力，净利润与总资产之比
GROWTH	成长能力，营业收入增长率
AGE	上市年龄，企业 IPO（initial public offering，首次公开募股）以来所经历年限加 1 的自然对数
CASH	经营活动现金流，企业经营活动产生的净现金流量与总资产之比
FIRST	股权集中度，第一大股东持股比例
DUAL	两职合一，首席执行官兼任董事长时取 1，否则取 0
INDEP	独立董事比例，独立董事人数与董事会人数之比
IND	行业虚拟变量
YEAR	年度虚拟变量

四、实证检验与结果分析

（一）描述性统计

表2对主要变量进行了描述性统计分析。结果显示，样本期内企业绿色投资规模（GREEN_INV）均值为0.078 8，标准差为0.347 4，最小值为0，最大值为2.426 7，表

明不同企业之间绿色投资规模具有一定的差异。样本期内政府环保补贴（SUB）的均值为0.337 2，表明有33.72%的样本公司获得政府环保补贴。样本期内产权性质（SOE）的均值为0.356 9，表明样本中有35.69%的国有企业；样本期内行业属性（POLL）的均值为0.413 8，表明样本中有41.38%的重污染企业；样本期内环保经历（EXP）的均值为0.130 8，表明样本中有13.08%的样本公司有环保经历。其他变量也存在一定程度的差异。

表2 变量描述性统计分析

变量	N	均值	标准差	最小值	中位数	最大值
GREEN_INV	20 465	0.078 8	0.347 4	0	0	2.426 7
SUB	20 465	0.337 2	0.472 8	0	0	1.000 0
SOE	20 465	0.356 9	0.479 1	0	0	1.000 0
POLL	20 465	0.413 8	0.492 5	0	0	1.000 0
EXP	20 465	0.130 8	0.337 2	0	0	1.000 0
SIZE	20 465	22.098 4	1.288 2	19.539 7	21.924 3	26.018 8
LEV	20 465	0.429 6	0.215 2	0.049 7	0.418 0	0.953 3
ROA	20 465	0.036 1	0.061 0	−0.265 9	0.035 5	0.197 6
GROWTH	20 465	0.409 9	1.151 2	−0.737 3	0.136 7	8.694 1
AGE	20 465	2.085 2	0.862 1	0	2.197 2	3.218 9
CASH	20 465	0.040 1	0.071 1	−0.193 1	0.039 8	0.238 2
FIRST	20 465	0.346 9	0.148 6	0.087 7	0.327 2	0.750 1
DUAL	20 465	0.266 9	0.442 4	0	0	1.000 0
INDEP	20 465	0.374 7	0.053 6	0.333 3	0.333 3	0.571 4

（二）相关性分析

表3对主要变量进行了Pearson相关系数分析。结果显示，政府环保补贴（SUB）与企业绿色投资规模（GREEN_INV）在0.01的水平上显著正相关，这表明有政府环保补贴的企业绿色投资规模更大，初步支持本文研究假设1的预期。产权性质（SOE）、行业属性（POLL）、环保经历（EXP）的系数分别为0.051、0.146、0.099，且均在0.01的水平上显著，这表明国有企业、重污染企业、有环保经历的企业绿色投资规模更大。

表3 变量相关性分析

变量	GREEN_INV	SUB	SOE	POLL	EXP	SIZE	LEV
GREEN_INV	1.000						
SUB	0.100***	1.000					
SOE	0.051***	0.060***	1.000				
POLL	0.146***	0.087***	0.037***	1.000			
EXP	0.099***	0.050***	0.025***	0.079***	1.000		
SIZE	0.039***	−0.019***	0.359***	0.009	0.060***	1.000	

续表

变量	GREEN_INV	SUB	SOE	POLL	EXP	SIZE	LEV
LEV	0.049***	0.048***	0.309***	−0.039***	0.032***	0.473***	1.000
ROA	−0.005	−0.067***	−0.100***	0.031***	0.011	0.004	−0.388***
GROWTH	−0.029***	0.003	0.020***	−0.117***	−0.007	0.009	0.080***
AGE	0.011	0.025***	0.437***	0.041***	−0.012*	0.374***	0.411***
CASH	0.025***	−0.015**	0.027***	0.125***	0.012*	0.075***	−0.164***
FIRST	0.009	−0.016**	0.228***	0.019***	0.011	0.221***	0.039***
DUAL	−0.018**	−0.021***	−0.288***	−0.030***	−0.031***	−0.180***	−0.146***
INDEP	−0.025***	−0.018**	−0.053***	−0.060***	−0.002	0.003	−0.010
变量	ROA	GROWTH	AGE	CASH	FIRST	DUAL	INDEP
ROA	1.000						
GROWTH	0.006	1.000					
AGE	−0.228***	0.076***	1.000				
CASH	0.356***	−0.094***	−0.006	1.000			
FIRST	0.127***	−0.010	−0.094***	0.103***	1.000		
DUAL	0.052***	−0.012*	−0.236***	−0.021***	−0.038***	1.000	
INDEP	−0.023***	0.027***	−0.020***	−0.011	0.044***	0.108***	1.000

***、**和*分别表示显著性水平为 0.01、0.05、0.1

（三）基本回归结果分析

表4列示了企业异质性、政府环保补贴与企业绿色投资规模三者关系的基本回归结果。其中，表4的列（1）为回归基准模型，结果显示，政府环保补贴（SUB）的系数在0.01的水平上显著为正值（beta=0.055，t=6.50），并且在列（2）~列（5）的检验中依旧稳健，这表明相比无政府环保补贴的企业而言，有政府环保补贴的企业绿色投资规模显著增加了5.5%，证实了本文研究假设1的预期。列（2）~列（4）引入了政府环保补贴与企业异质性特征的交互项，检验了产权性质、行业属性及环保经历的调节效应；列（5）为全模型。列（2）的回归结果显示，交互项SUB × SOE的系数在0.05的水平上显著为正值（beta=0.035，t=2.00），这表明相对于非国有企业而言，政府环保补贴对企业绿色投资的促进作用在国有企业中更为明显，检验结果支持了研究假设2。列（3）的回归结果显示，交互项SUB × POLL的系数在0.05的水平上显著为正值（beta=0.034，t=1.96），这表明相对于非重污染企业而言，政府环保补贴对企业绿色投资的促进作用在重污染企业中更为明显，检验结果支持了研究假设3。列（4）的回归结果显示，交互项SUB×EXP的系数在0.05的水平上显著为正值（beta=0.060，t=2.03），这表明相对于无环保经历的企业而言，政府环保补贴对企业绿色投资的促进作用在有环保经历的企业中更为明显，检验结果支持了研究假设4。列（5）的全样本回归结果显示，交互项SUB × SOE、SUB × POLL、SUB × EXP依旧显著为正相关。

表4 基本回归结果

变量	（1）	（2）	（3）	（4）	（5）
SUB × SOE		0.035**			0.033*
		（2.00）			（1.89）
SUB × POLL			0.034**		0.030*
			（1.96）		（1.73）
SUB × EXP				0.060**	0.056*
				（2.03）	（1.91）
SUB	0.055***	0.041***	0.039***	0.046***	0.020*
	（6.50）	（4.00）	（4.25）	（5.58）	（1.85）
SOE	0.025**	0.012	0.025**	0.025**	0.012
	（2.15）	（1.06）	（2.17）	（2.15）	（1.12）
POLL	0.087***	0.086***	0.074***	0.087***	0.076***
	（6.29）	（6.29）	（5.55）	（6.31）	（5.65）
EXP	0.064***	0.064***	0.064***	0.040***	0.041***
	（4.52）	（4.52）	（4.53）	（3.02）	（3.13）
SIZE	0.003	0.003	0.003	0.003	0.003
	（0.81）	（0.86）	（0.79）	（0.82）	（0.84）
LEV	0.071***	0.070***	0.071***	0.071***	0.070***
	（2.87）	（2.83）	（2.89）	（2.88）	（2.83）
ROA	0.016	0.019	0.019	0.014	0.019
	（0.35）	（0.41）	（0.43）	（0.31）	（0.42）
GROWTH	−0.002	−0.002	−0.002	−0.002	−0.002
	（−0.89）	（−0.90）	（−0.92）	（−0.94）	（−0.97）
AGE	−0.012**	−0.012**	−0.012**	−0.012**	−0.012**
	（−2.19）	（−2.16）	（−2.28）	（−2.21）	（−2.22）
CASH	0.042	0.043	0.039	0.043	0.042
	（1.00）	（1.03）	（0.95）	（1.04）	（1.03）
FIRST	−0.022	−0.023	−0.021	−0.021	−0.022
	（−0.77）	（−0.82）	（−0.76）	（−0.75）	（−0.78）
DUAL	0.005	0.004	0.005	0.005	0.005
	（0.53）	（0.50）	（0.55）	（0.55）	（0.54）
INDEP	−0.059	−0.061	−0.062	−0.059	−0.064
	（−0.96）	（−1.00）	（−1.02）	（−0.96）	（−1.04）
截距项	−0.037	−0.035	−0.025	−0.037	−0.024
	（−0.44）	（−0.42）	（−0.29）	（−0.43）	（−0.28）
IND	控制	控制	控制	控制	控制
YEAR	控制	控制	控制	控制	控制
调整的 R^2	0.061	0.062	0.062	0.062	0.063
F 值	8.362	8.198	8.317	8.244	7.956
N	20 465	20 465	20 465	20 465	20 465

***、**和*分别表示显著性水平为 0.01、0.05、0.1

注：括号中为 t 值，并经过了 White（1980）异方差修正，回归考虑了企业层面的聚类（Cluster）效应

为了直观地展示企业异质性特征对政府环保补贴与企业绿色投资规模的影响，本文绘制了三个调节变量（产权性质、行业属性、环保经历）的交互效应示意图，如图3~图5所示。从图3我们可以发现，无论是国有企业还是非国有企业，政府环保补贴对企业绿色投资规模都有正向的激励作用，但可以清晰地看出，与非国有企业相比，政府环保补贴对企业绿色投资规模的激励作用在国有企业中更为明显。图4和图5分别展示了行业属性和环保经历对政府环保补贴与企业绿色投资规模的调节作用，类似地可以发现，政府环保补贴对企业绿色投资规模的激励作用在重污染企业和有环保经历的企业中更为明显。

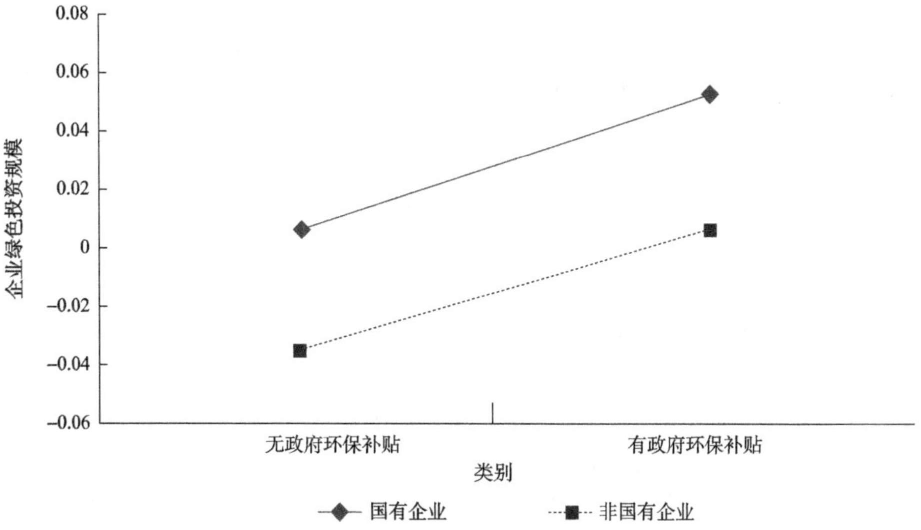

图3　产权性质的调节作用

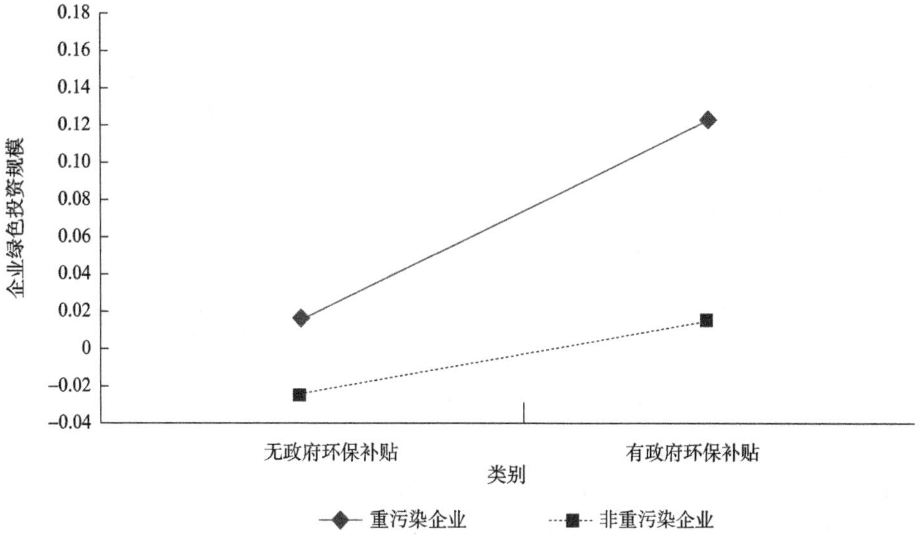

图4　行业属性的调节作用

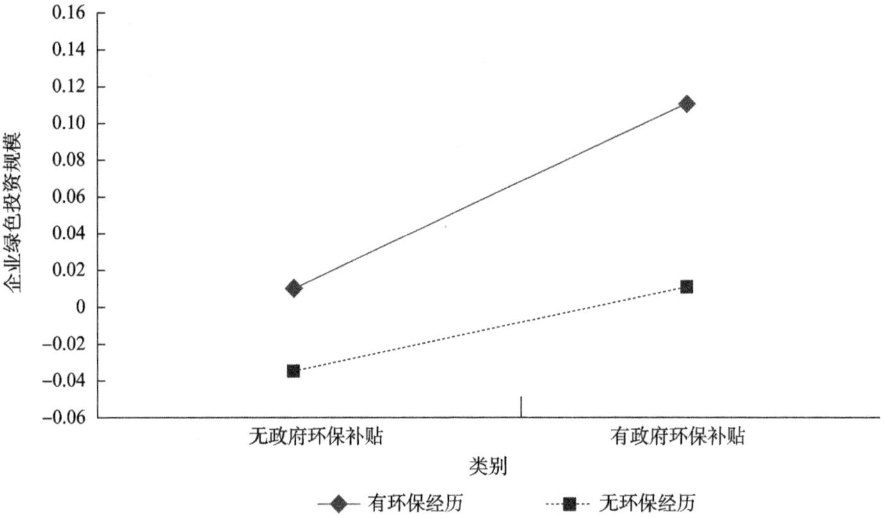

图5　环保经历的调节作用

（四）经济后果检验

前文的理论分析表明，无论从资源获取还是信号传递角度，政府环保补贴可以激励企业加大绿色投资规模。为了验证其经济后果，本文以债务融资（LOAN）和股票流动性（ILLIQUIDITY）来衡量经济后果。之所以选择这两个变量，是因为：首先，已有文献表明，积极的环境治理行为和高质量的环境信息披露有助于企业债务融资（Thompson and Cowton 2004，Clarkson et al. 2008，Mark et al. 2008，沈洪涛和马正彪 2014，苏冬蔚和连莉莉 2018，El et al. 2018，刘常建等 2019）。事实上，《关于落实环保政策法规防范信贷风险的意见》（2007年）、《绿色信贷指引》（2012年）、《能效信贷指引》（2015年）、《关于构建绿色金融体系的指导意见》（2016年）等政策的相继出台，促使绿色信贷这一保护环境与节能减排的重要市场工具更加规范化和制度化。绿色信贷政策要求银行业金融机构从战略高度推进绿色信贷，落实激励约束措施，拒绝对环境和社会表现不合规的企业或项目授信，以期引导企业改善环境（苏冬蔚和连莉莉 2018）。因此，本文预期，积极的绿色投资行为有助于企业债务融资。

其次，股票流动性很大程度上体现了资本市场的资源配置效率，提高股票流动性不仅可以降低企业融资成本，而且还可以增加企业价值（Butler et al. 2005，Fang et al. 2009，熊家财和苏东蔚 2016）。信息是影响股票流动性的关键因素，企业出色的环境治理行为和高质量的环境信息披露能够形成“广告效应”，帮助企业建立良好的声誉，并强化企业与利益相关者之间的认知纽带。这一“广告效应”不仅可以缓解企业内部人和外部投资者之间的信息不对称，而且可以增加企业层面的特质信息含量，并提高企业的股票流动性（Indjejikian 2007，Lambert and Verrecchia 2015，孟为和陆海天 2018，常莹莹和裴红梅 2020）。因此，本文预期，积极的绿色投资行为有助于增加股票流动性。

值得注意的是，本文的研究假设1认为，政府环保补贴对企业绿色投资的影响机制包括直接的资源获取和间接的信号传递。为此，本文以债务融资（LOAN）和股票流动性

（ILLIQUIDITY）来衡量经济后果，构建检验模型如下：

$$\text{LOAN / ILLIQUIDITY} = \alpha + \beta_1 \times \text{GREEN\_INV} + \eta \times X + \text{IND} + \text{YEAR} + \varepsilon \quad (5)$$

模型（5）中LOAN、ILLIQUIDITY为被解释变量，LOAN为债务融资，参考叶康涛和祝继高（2009）、张敏等（2010）的做法，以企业的短期银行借款、一年内到期的长期借款与长期借款的总和占企业总资产的比例来度量。其他变量定义同模型（1）。ILLIQUIDITY为股票流动性，本文采用Amihud（2002）的非流动指标来度量股票流动性，该指标直观地度量了单位成交金额对股票收益的冲击，因而得到了广泛使用（熊家财和苏东蔚 2016，邓柏峻等 2016，孟为和陆海天 2018）。ILLIQUIDITY定义如下：

$$\text{ILLIQUIDITY} = \frac{1}{D_{i,t}} \times \sum_{d=1}^{D_{i,t}} \left(\frac{|r_{i,t,d}|}{V_{i,t,d}} \right) \times 10^6 \quad (6)$$

其中，$r_{i,t,d}$ 为股票i在t年的第d天的收益；$V_{i,t,d}$ 为股票i在t年的第d天的交易量；$D_{i,t}$ 为股票i在t年的交易天数。该指标越大，表明单位成交金额引起的股票价格变化越大，股票流动性越弱；反之，该指标越小，表明单位成交金额引起的股票价格变化越小，股票流动性越强。

表5列示了经济后果检验结果。列（1）的回归结果显示，企业绿色投资规模（GREEN_INV）的系数在0.01的水平上显著为正值（beta=0.014，t=4.37），表明企业绿色投资规模越大，获得的银行借款也会显著增加；列（2）的回归结果显示，企业绿色投资规模（GREEN_INV）的系数在0.01的水平上显著为负值（beta=−0.032，t=−4.94），表明企业绿色投资显著提升了企业的股票流动性。以上检验结果表明，企业绿色投资可以为企业获取更多的信贷资源和提升企业的股票流动性，也进一步验证了本文研究假设1的逻辑推理。

表5　经济后果检验结果

变量	（1）	（2）
	LOAN	ILLIQUIDITY
GREEN_INV	0.014***	−0.032***
	（4.37）	（−4.94）
SOE	0.014***	−0.032***
	（4.37）	（−4.94）
SIZE	−0.018***	0.101***
	（−4.28）	（11.23）
LEV	0.008***	−0.064***
	（4.27）	（−19.37）
GROWTH	0.500***	0.248***
	（47.04）	（12.77）
AGE	−0.007***	0.011***
	（−5.69）	（3.41）

续表

变量	(1)	(2)
	LOAN	ILLIQUIDITY
CASH	−0.002	−0.236***
	(−1.10)	(−24.31)
FIRST	−0.157***	0.083*
	(−9.47)	(1.74)
DUAL	−0.030***	−0.031
	(−2.74)	(−1.23)
INDEP	0.003	−0.010
	(0.92)	(−1.14)
截距项	0.033	−0.007
	(1.37)	(−0.12)
IND	控制	控制
YEAR	控制	控制
调整的 R^2	0.571	0.173
F 值	146.684	36.059
N	20 465	20 465

***、*分别表示显著性水平为 0.01、0.1

注：括号中为 t 值，并经过了 White（1980）异方差修正，回归考虑了企业层面的聚类（Cluster）效应

五、稳健性检验

（一）《环境保护法》修订的影响

图1表明，2015年1月1日起实施了修订的《环境保护法》之后，企业绿色投资趋势的拐点出现了。那么，前文发现的主要结论是政府环保补贴带来了企业绿色投资的增加，还是《环境保护法》修订实施带来了企业绿色投资的增加呢？为了检验《环境保护法》修订的这一替代性解释，本文将全样本按照期间分为两个子样本，即《环境保护法》修订前（2011~2014年）和《环境保护法》修订后（2015~2018年）。两个子样本的检验结果如表6所示。表6结果显示，无论是《环境保护法》修订前的子样本，还是《环境保护法》修订后的子样本，政府环保补贴（SUB）的系数均在0.01的水平上显著为正值，并且两组的系数无显著性差别（p=0.133 0），这表明相比无政府环保补贴的企业而言，有政府环保补贴的企业绿色投资规模显著增加，这一结果并没有因《环境保护法》修订产生实质性的影响。

表6 《环境保护法》修订影响的检验结果

变量	（1）	（2）
	2015~2018 年样本	2011~2014 年样本
SUB	0.046***	0.064***
	（4.95）	（5.10）
SOE	0.037***	0.007
	（2.74）	（0.46）
POLL	0.076***	0.099***
	（5.37）	（4.97）
EXP	0.069***	0.055**
	（4.36）	（2.50）
SIZE	−0.001	0.009
	（−0.23）	（1.48）
LEV	0.073***	0.065*
	（2.69）	（1.89）
ROA	0.080*	−0.098
	（1.68）	（−1.18）
GROWTH	0.001	−0.006***
	（0.26）	（−2.66）
AGE	−0.012*	−0.009
	（−1.90）	（−1.03）
CASH	0.086*	0.007
	（1.73）	（0.11）
FIRST	−0.044	−0.000
	（−1.40）	（−0.01）
DUAL	−0.011	0.027*
	（−1.21）	（1.82）
INDEP	−0.014	−0.129
	（−0.20）	（−1.44）
截距项	0.011	−0.129
	（0.13）	（−1.05）
IND	控制	控制
YEAR	控制	控制
调整的 R^2	0.073	0.050
F 值	7.970	7.023
N	11 529	8 936
系数比较检验	Chi^2=2.26，p=0.133 0	

***、**和*分别表示显著性水平为 0.01、0.05、0.1

注：括号中为 t 值，并经过了 White（1980）异方差修正，回归考虑了企业层面的聚类（Cluster）效应

（二）工具变量回归检验

前文的研究发现，政府环保补贴对企业绿色投资行为起到了积极的推动作用，但仍需要考虑回归模型可能存在的内生性。例如，是政府环保补贴导致企业绿色投资增加，还是企业绿色投资增加之后获得了更多的政府环保补贴呢？为了缓解这一内生性问题，借鉴陈红等（2018）的方法，采用分年、分行业政府环保补贴的均值作为政府环保补贴的工具变量，重新对模型（1）进行回归分析，结果如表7所示。其中，HSUB_1和HSUB_2分别为分年、分行业企业获得的政府环保补贴金额占企业总资产和企业营业收入的比例。表7结果显示，HSUB_1和HSUB_2的系数均在0.01的水平上显著为正值，这表明相比无政府环保补贴的企业而言，有政府环保补贴的企业绿色投资规模显著增加，意味着前文的研究结论依旧稳健。

表7　工具变量回归检验结果

变量	（1）	（2）
HSUB_1	0.015^{***}	
	（3.33）	
HSUB_2		0.990^{***}
		（3.23）
SOE	0.028^{**}	0.027^{**}
	（2.37）	（2.35）
POLL	0.090^{***}	0.090^{***}
	（6.44）	（6.43）
EXP	0.077^{***}	0.077^{***}
	（5.00）	（5.01）
SIZE	0.004	0.004
	（1.11）	（1.10）
LEV	0.081^{***}	0.081^{***}
	（3.21）	（3.23）
ROA	0.028	0.031
	（0.60）	（0.65）
GROWTH	-0.004^{*}	−0.004
	（−1.69）	（−1.63）
AGE	-0.013^{**}	-0.012^{**}
	（−2.22）	（−2.19）
CASH	0.043	0.045
	（1.02）	（1.07）
FIRST	−0.023	−0.024
	（−0.81）	（−0.84）
DUAL	0.002	0.002
	（0.25）	（0.25）
INDEP	−0.087	−0.087
	（−1.42）	（−1.41）

续表

变量	（1）	（2）
截距项	−0.022	−0.010
	（−0.26）	（−0.11）
IND	控制	控制
YEAR	控制	控制
调整的 R^2	0.045	0.045
F 值	9.128	9.138
N	20 465	20 465

***、**和*分别表示显著性水平为 0.01、0.05、0.1

注：括号中为 t 值，并经过了 White（1980）异方差修正，回归考虑了企业层面的聚类（Cluster）效应

（三）倾向得分匹配检验

为了缓解样本选择带来的估计偏误，本文使用倾向得分匹配方法对模型重新进行回归。具体而言，以企业规模（SIZE）、财务杠杆（LEV）、营利能力（ROA）、成长能力（GROWTH）为匹配特征变量进行可重复半径匹配（半径为0.01），匹配后的回归结果如表8所示。各列中政府环保补贴（SUB）的系数均显著为正值，验证了本文的研究假设1。交互项SUB × SOE、SUB × POLL、SUB × EXP的系数均显著为正值，以上检验结果依旧很好地支持了本文的研究假设2~假设4。

表8　倾向得分匹配检验结果

变量	（1）	（2）	（3）	（4）	（5）
SUB × SOE		0.036**			0.034*
		（2.02）			（1.92）
SUB × POLL			0.033*		0.030*
			（1.91）		（1.72）
SUB × EXP				0.054*	0.050*
				（1.81）	（1.69）
SUB	0.054***	0.040***	0.038***	0.046***	0.019*
	（6.35）	（3.85）	（4.19）	（5.55）	（1.81）
SOE	0.027**	0.012	0.026**	0.027**	0.013
	（2.19）	（1.07）	（2.19）	（2.19）	（1.11）
POLL	0.092***	0.091***	0.078***	0.092***	0.079***
	（6.26）	（6.26）	（5.46）	（6.27）	（5.54）
EXP	0.067***	0.067***	0.067***	0.044***	0.045***
	（4.46）	（4.46）	（4.48）	（3.04）	（3.14）
SIZE	0.003	0.003	0.003	0.003	0.003
	（0.70）	（0.74）	（0.71）	（0.71）	（0.73）
LEV	0.073***	0.072***	0.072***	0.073***	0.071***
	（2.76）	（2.71）	（2.75）	（2.77）	（2.71）
ROA	0.046	0.049	0.047	0.044	0.049
	（0.99）	（1.05）	（1.03）	（0.95）	（1.07）

续表

变量	(1)	(2)	(3)	(4)	(5)
GROWTH	−0.003	−0.003	−0.003	−0.003	−0.003
	(−0.90)	(−0.93)	(−0.92)	(−0.95)	(−0.99)
AGE	−0.013**	−0.013**	−0.013**	−0.013**	−0.013**
	(−2.14)	(−2.12)	(−2.20)	(−2.15)	(−2.17)
CASH	0.038	0.039	0.037	0.039	0.038
	(0.87)	(0.89)	(0.85)	(0.90)	(0.88)
FIRST	−0.027	−0.028	−0.027	−0.026	−0.027
	(−0.91)	(−0.95)	(−0.90)	(−0.88)	(−0.91)
DUAL	0.004	0.003	0.004	0.004	0.004
	(0.39)	(0.35)	(0.42)	(0.40)	(0.39)
INDEP	−0.062	−0.064	−0.064	−0.061	−0.066
	(−0.95)	(−0.98)	(−0.99)	(−0.94)	(−1.01)
截距项	−0.031	−0.028	−0.019	−0.031	−0.017
	(−0.35)	(−0.32)	(−0.22)	(−0.34)	(−0.18)
IND	控制	控制	控制	控制	控制
YEAR	控制	控制	控制	控制	控制
调整的 R^2	0.064	0.064	0.064	0.064	0.065
F 值	8.068	7.907	8.055	7.956	7.685
N	18 610	18 610	18 610	18 610	18 610

***、**和*分别表示显著性水平为 0.01、0.05、0.1

注：括号中为 t 值，并经过了 White（1980）异方差修正，回归考虑了企业层面的聚类（Cluster）效应

（四）改变变量测量的检验

参考黎文靖和路晓燕（2015）、胡珺等（2017）、程博等（2018）的做法，采用当年新增环境资本支出金额加1后的自然对数度量企业绿色投资规模，检验结果如表9所示。结果显示，各列中政府环保补贴（SUB）的系数均在0.01的水平上显著为正值；交互项SUB × SOE、SUB × POLL、SUB × EXP的系数均显著为正值。以上检验结果依然支持本文的研究假设1~假设4的预期。

表9 改变绿色投资测量的检验结果

变量	(1)	(2)	(3)	(4)	(5)
SUB × SOE		1.331***			1.264***
		(4.57)			(4.34)
SUB × POLL			0.947***		0.762***
			(3.40)		(2.72)
SUB × EXP				0.794*	0.758*
				(1.88)	(1.74)
SUB	1.378***	0.861***	0.925***	1.265***	0.474***
	(10.15)	(5.40)	(6.02)	(9.32)	(2.63)

续表

变量	(1)	(2)	(3)	(4)	(5)
SOE	0.885***	0.388**	0.880***	0.885***	0.391**
	(4.42)	(2.06)	(4.39)	(4.42)	(2.07)
POLL	1.836***	1.827***	1.486***	1.838***	1.537***
	(7.39)	(7.41)	(6.11)	(7.40)	(6.35)
EXP	1.270***	1.266***	1.274***	0.954***	1.109***
	(5.58)	(5.59)	(5.60)	(4.25)	(4.84)
SIZE	0.373***	0.381***	0.370***	0.374***	0.363***
	(5.07)	(5.20)	(5.04)	(5.09)	(4.99)
LEV	1.241***	1.204***	1.227***	1.243***	1.259***
	(3.21)	(3.13)	(3.19)	(3.22)	(3.28)
ROA	−1.943**	−1.840**	−1.870**	−1.968**	−1.762**
	(−2.30)	(−2.18)	(−2.22)	(−2.33)	(−2.09)
GROWTH	−0.017	−0.017	−0.018	−0.018	−0.016
	(−0.43)	(−0.44)	(−0.47)	(−0.47)	(−0.42)
AGE	0.041	0.047	0.035	0.040	0.024
	(0.45)	(0.52)	(0.39)	(0.44)	(0.27)
CASH	1.613**	1.654**	1.553**	1.634**	1.658**
	(2.35)	(2.41)	(2.28)	(2.38)	(2.42)
FIRST	0.353	0.308	0.362	0.362	0.336
	(0.66)	(0.58)	(0.68)	(0.68)	(0.63)
DUAL	−0.014	−0.025	−0.008	−0.012	−0.027
	(−0.11)	(−0.18)	(−0.06)	(−0.09)	(−0.20)
INDEP	0.515	0.436	0.427	0.521	0.239
	(0.45)	(0.38)	(0.37)	(0.45)	(0.21)
截距项	−7.940***	−7.863***	−7.604***	−7.933***	−7.733***
	(−4.72)	(−4.71)	(−4.52)	(−4.73)	(−4.83)
IND	控制	控制	控制	控制	控制
YEAR	控制	控制	控制	控制	控制
调整的 R^2	0.126	0.129	0.127	0.126	0.124
F 值	16.677	16.700	16.651	16.422	18.134
N	20 465	20 465	20 465	20 465	20 465

***、**和*分别表示显著性水平为 0.01、0.05、0.1

注：括号中为 t 值，并经过了 White（1980）异方差修正，回归考虑了企业层面的聚类（Cluster）效应

借鉴孔东民等（2013）的方法，采用企业获得的政府环保补贴金额占企业总资产的比例度量政府环保补贴，检验结果如表10所示。结果显示，各列中政府环保补贴（SUB）的系数依然显著为正值；交互项SUB × SOE、SUB × POLL、SUB × EXP的系数均显著为正值。以上检验结果很好地支持了本文的研究假设1~假设4。

表10 改变政府环保补贴测量的检验结果

变量	（1）	（2）	（3）	（4）	（5）
SUB × SOE		0.003*			0.002*
		（1.83）			（1.65）
SUB × POLL			0.003**		0.003*
			（2.12）		（1.87）
SUB × EXP				0.004*	0.004*
				（1.95）	（1.80）
SUB	0.005***	0.004***	0.003***	0.004***	0.002**
	（6.90）	（4.38）	（4.18）	（5.91）	（2.09）
SOE	0.024**	0.011	0.024**	0.024**	0.012
	（2.08）	（1.02）	（2.08）	（2.08）	（1.12）
POLL	0.085***	0.085***	0.071***	0.085***	0.072***
	（6.23）	（6.23）	（5.38）	（6.24）	（5.49）
EXP	0.063***	0.063***	0.063***	0.040***	0.042***
	（4.47）	（4.48）	（4.49）	（3.05）	（3.18）
SIZE	0.002	0.002	0.002	0.002	0.002
	（0.55）	（0.58）	（0.53）	（0.56）	（0.56）
LEV	0.069***	0.068***	0.068***	0.069***	0.067***
	（2.78）	（2.74）	（2.78）	（2.80）	（2.74）
ROA	0.018	0.021	0.021	0.016	0.022
	（0.39）	（0.47）	（0.48）	（0.35）	（0.49）
GROWTH	−0.002	−0.002	−0.002	−0.002	−0.002
	（−0.85）	（−0.86）	（−0.88）	（−0.90）	（−0.94）
AGE	−0.012**	−0.012**	−0.012**	−0.012**	−0.012**
	（−2.22）	（−2.17）	（−2.32）	（−2.24）	（−2.25）
CASH	0.039	0.040	0.036	0.041	0.039
	（0.94）	（0.96）	（0.87）	（0.99）	（0.94）
FIRST	−0.021	−0.022	−0.021	−0.020	−0.021
	（−0.75）	（−0.80）	（−0.74）	（−0.73）	（−0.77）
DUAL	0.005	0.004	0.005	0.005	0.005
	（0.55）	（0.51）	（0.58）	（0.57）	（0.56）
INDEP	−0.058	−0.060	−0.061	−0.057	−0.063
	（−0.94）	（−0.99）	（−0.99）	（−0.94）	（−1.02）
截距项	−0.018	−0.014	−0.003	−0.017	−0.000
	（−0.21）	（−0.16）	（−0.04）	（−0.20）	（−0.01）
IND	控制	控制	控制	控制	控制
YEAR	控制	控制	控制	控制	控制
调整的 R^2	0.063	0.063	0.063	0.063	0.064
F 值	8.412	8.250	8.387	8.289	8.026
N	20 465	20 465	20 465	20 465	20 465

***、**和*分别表示显著性水平为 0.01、0.05、0.1

注：括号中为 t 值，并经过了 White（1980）异方差修正，回归考虑了企业层面的聚类（Cluster）效应

六、研究结论

绿色发展作为经济发展的新动能，在未来中国经济可持续发展中肩负着重要的使命。然而，绿色投资不足是制约绿色发展的关键因素。政府环保补贴作为一项重要的支持政策，能否有效地激励企业进行绿色投资，不同企业的资源禀赋差异也会对政府环保补贴有效性产生影响。针对“政府环保补贴能否激励企业绿色投资？产权性质、行业属性及环保经历差异是否影响政府环保补贴对企业绿色投资的激励效果？”研究问题，本文以2012~2018年中国A股上市公司数据为研究样本，探讨了政府环保补贴对企业绿色投资的影响，以及产权性质、行业属性和环保经历等异质性特征对政府环保补贴有效性的调节效应。研究结果显示：相比无政府环保补贴的企业而言，有政府环保补贴的企业绿色投资规模显著增加了5.5%，证实了政府环保补贴的有效性；政府环保补贴对企业绿色投资行为的促进作用在国有企业、重污染企业和有环保经历的企业中更为明显。进一步研究表明，绿色投资有助于企业获得更多的信贷资金和提升股票流动性。

本文的发现为解释推进生态文明建设战略背景下政府环保补贴作用于企业绿色投资，以及不同的情景因素如何影响这种关系提供了系统化的理论逻辑。本文的主要理论贡献在于，将资源观整合到经济学的研究框架，从资产获取和信号传递两个机制角度，为政府环保补贴有效性提供理论依据和经验证据。研究结论不仅拓展了绿色投资及环境治理方面的文献，而且从债务融资和股票流动性两个角度丰富了绿色投资的经济后果方面的文献。同时，研究结论对进一步完善政府环保补贴相关政策的制定及政府部门加强对企业环境治理的督导与监管具有一定的参考价值。

参考文献

毕茜，李虹媛，于连超. 2019. 高管环保经历嵌入对企业绿色转型的影响与作用机制. 广东财经大学学报，34（5）：4-19.

常莹莹，裴红梅. 2020. 环境信息披露、高质量审计与盈余持续性，当代会计评论，13（2）：106-135.

陈红，纳超洪，雨田木子，等. 2018. 内部控制与研发补贴绩效研究. 管理世界，（12）：149-164.

程博，许宇鹏，李小亮. 2018. 公共压力、企业国际化与企业环境治理. 统计研究，35（9）：54-66.

崔广慧，姜英兵. 2019. 环境规制对企业环境治理行为的影响——基于新《环保法》的准自然实验. 经济管理，41（10）：54-72.

邓柏峻，李仲飞，梁权熙. 2016. 境外股东持股与股票流动性. 金融研究，（11）：142-157.

范俊玉. 2011. 我国环境治理中政府激励不足原因分析及应对举措. 中州学刊，（1）：115-119.

胡珺，宋献中，王红建. 2017. 非正式制度、家乡认同与企业环境治理. 管理世界，（3）：76-94.

孔东民，刘莎莎，王亚男. 2013. 市场竞争、产权与政府补贴. 经济研究，48（2）：55-67.

黎文靖，路晓燕. 2015. 机构投资者关注企业的环境绩效吗？——来自我国重污染行业上市公司的经验证据. 金融研究，（12）：97-112.
黎文靖，郑曼妮. 2016. 实质性创新还是策略性创新？——宏观产业政策对微观企业创新的影响. 经济研究，51（4）：60-73.
梁平汉，高楠. 2014. 人事变更、法制环境和地方环境污染. 管理世界，（6）：65-78.
刘常建，许为宾，蔡兰，等. 2019. 环保压力与重污染企业的银行贷款契约——基于“PM2.5爆表”事件的经验证据. 中国人口·资源与环境，29（12）：121-130.
刘隆亨，翟帅. 2016. 论我国以环保税法为主体的绿色税制体系建设. 法学杂志，37（7）：32-41.
刘运国，刘梦宁. 2015. 雾霾影响了重污染企业的盈余管理吗？——基于政治成本假说的考察. 会计研究，（3）：26-33.
孟为，陆海天. 2018. 风险投资与新三板挂牌企业股票流动性——基于高科技企业专利信号作用的考察. 经济管理，40（3）：178-195.
沈洪涛，马正彪. 2014. 地区经济发展压力、企业环境表现与债务融资. 金融研究，（2）：153-166.
宋马林，王舒鸿. 2013. 环境规制、技术进步与经济增长. 经济研究，48（3）：122-134.
苏冬蔚，连莉莉. 2018. 绿色信贷是否影响重污染企业的投融资行为？金融研究，（12）：127-141.
唐国平，刘忠全. 2019.《环境保护税法》对企业环境信息披露质量的影响——基于湖北省上市公司的经验证据. 湖北大学学报（哲学社会科学版），46（1）：150-157.
熊家财，苏东蔚. 2016. 股票流动性与代理成本——基于随机前沿模型的实证研究. 南开管理评论，19（1）：84-96.
徐建中，贯君，林艳. 2017. 制度压力、高管环保意识与企业绿色创新实践——基于新制度主义理论和高阶理论视角. 管理评论，29（9）：72-83.
杨洋，魏江，罗来军. 2015. 谁在利用政府补贴进行创新？——所有制和要素市场扭曲的联合调节效应. 管理世界，（1）：75-86，98.
叶金珍，安虎森. 2017. 开征环保税能有效治理空气污染吗. 中国工业经济，（5）：54-74.
叶康涛，祝继高. 2009. 银根紧缩与信贷资源配置. 管理世界，（1）：22-28.
张济建，于连超，毕茜，等. 2016. 媒体监督、环境规制与企业绿色投资. 上海财经大学学报，18（5）：91-103.
张敏，张胜，申慧慧，等. 2010. 政治关联与信贷资源配置效率——来自我国民营上市公司的经验证据. 管理世界，（11）：143-153.
张琦，郑瑶，孔东民. 2019. 地区环境治理压力、高管经历与企业环保投资：一项基于《环境空气质量标准（2012）》的准自然实验. 经济研究，54（6）：183-198.
张彦博，李琪. 2013. 政府环保补助与环境质量改进的相关性研究. 经济纵横，（9）：50-53.
Aerts W，Cormier D. 2009. Media legitimacy and corporate environmental communication. Accounting Organizations and Society，34（1）：1-27.
Amihud Y. 2002. Illiquidity and stock returns：cross-section and time-series effects. Journal of Financial Markets，5（1）：31-56.
Butler A，Grullon G，Weston J. 2005. Stock market liquidity and the cost of issuing equity. Journal of Financial and Quantitative Analysis，40（2）：331-348.
Chen S，Sun Z，Tang S，et al. 2011. Government intervention and investment efficiency：evidence from China. Journal of Corporate Finance，17（2）：259-271.
Clarkson P M，Li Y，Richardson G D，et al. 2008. Revisiting the relation between environmental performance and environmental disclosure：an empirical analysis. Accounting Organizations and Society，33（4/5）：303-327.

Dhaliwal D S, Radhakrishnan S, Tsang A, et al. 2012. Nonfinandal disclosure and analyst forecast accuracy: international evidence on corporate social responsibility disclosure. The Accounting Review, 87（3）: 723-759.

El G S, Guedhami O, Kim H, et al. 2018. Corporate environmental responsibility and the cost of capital: international evidence. Journal of Business Ethics, 149（2）: 335-361.

Fang V W, Noe T H, Tice S. 2009. Stock market liquidity and firm value. Journal of Financial Economics, 94（1）: 150-169.

Gradus R, Smulders S. 1996. The trade-off between environmental care and long-term growth: pollution in three prototype growth models. International Economic Review, 37（4）: 861-893.

Hakkon K, Kwangwoo P, Doojin R. 2017. Corporate environmental responsibility: a legal origins perspective. Journal of Business Ethics, 140（3）: 381-402.

Indjejikian R J. 2007. Discussion of accounting information, disclosure, and the cost of capital. Journal of Accounting Research, 45（2）: 421-426.

Lambert R A, Verrecchia R E. 2015. Information, illiquidity, and cost of capital. Contemporary Accounting Research, 32（2）: 438-454.

Lanoie P, Patry M, Lajeunesse R. 2008. Environmental regulation and productivity: testing the porter hypothesis. Journal of Productivity Analysis, 30（2）: 121-128.

Leiter A M, Parolini A, Winner H. 2011. Environmental regulation and investment: evidence from European industry data. Ecological Economics, 70（4）: 759-770.

Liang X, Lu X, Wang L. 2012. Outward internationalization of private enterprises in China: the effect of competitive advantages and disadvantages compared to home market rivals. Journal of World Business, 47（1）: 134-144.

Mark P, Sharfman, Chitru S, et al. 2008. Environmental risk management and the cost of capital. Strategic Management Journal, 29（6）: 569-592.

Orsato R J. 2006. Competitive environmental strategies: when does it pay to be green? California Management Review, 48（2）: 127-143.

Patten D M. 2005. The accuracy of financial report projections of future environmental capital expenditures: a research note. Accounting Organizations and Society, 30（5）: 457-468.

Pearce D. 1991. The role of carbon taxes in adjusting to global warming. Economic Journal, 101（407）: 938-948.

Porter M E. 1991. America's green strategy. Scientific American, 264（4）: 193-246.

Porter M E, Linde C V D. 1995. Toward a new conception of the environment-competitiveness relationship. Journal of Economic Perspectives, 9（4）: 97-118.

Richardson A J, Welker M. 2001. Social disclosure, financial disclosure and the cost of equity capital. Accounting, Organizations and Society, 26（7/8）: 597-616.

Tang Z, Tang J. 2013. Can the media discipline Chinese firms' pollution behaviors? The mediating effects of the public and government. Journal of Management, 42（6）: 12-13.

Taylor M R, Rubin E S, Hounshell D A. 2005. Regulation as the mother of innovation: the case of SO_2 control. Law and Policy, 27（2）: 348-378.

Thompson P, Cowton C J. 2004. Bringing the environment into bank lending: implications for environmental reporting. British Accounting Review, 36（2）: 197-218.

Verrecchia R E. 2001. Essays on disclosure. Journal of Accounting and Economics, 32（1/3）: 97-180.

White H. 1980. A heteroskedasticity-consistent covariance matrix estimator and a direct test for heteroskedasticity. Econometrica, 48（4）: 817-838.

Zhang Q, Yu Z, Kong D M. 2019. The real effect of legal institutions: environmental courts and firm environmental protection expenditure. Journal of Environmental Economics and Management, 98(11): 1-23.

Enterprise Heterogeneity, Environmental Protection Subsidies, and Enterprise Green Investments

Bo Cheng[1] and Xinyang Mao[2]

1. School of Accountancy, Nanjing Audit University, Nanjing, Jiangsu, China 211815;

2. School of Accountancy, Shanghai Lixin University of Accounting and Finance, Shanghai, China 201620

Abstract: Due to environmental externality, enterprises lack motivation to safeguard environment. Since government environmental protection subsidies are considered an important supporting policy, it is important to know whether these subsidies can effectively induce enterprises to increase green investments. Knowledge in this aspect can be useful in promoting green economic development. This paper analyzes, from the perspective of resources acquisition and signal transmission, the effect of environmental protection subsidies on enterprise green investments and the interaction effects of heterogeneous enterprise characteristics, such as ownership structure, industry membership, and prior environmental protection experience, with government environment protection subsidies on enterprise green investments. Our results show that environmental protection subsidies play a proactive role in promoting enterprise green investments. In particular, we find that the effect on enterprises green investments of environmental protection subsidies is stronger in state-owned enterprises, enterprises in industries causing heavy pollutions, and enterprises with prior environmental protection experience. Further analysis shows that enterprise green investments are useful to enterprises for obtaining funds from credit channels and improving stock market liquidity. Our results help to explain the evolving relationship between enterprises and their stakeholders in the face of environmental issues and, in particular, understand the mechanism of promoting enterprises green investments through government environmental subsidies. Finally, our results have implications for fulfilling government regulatory duty in environmental protection and formulating better environmental protection policies and other environment-related policies.

Keywords: green investments; environmental protection subsidies;enterprise heterogeneity; resource acquisition; signal transmission.

当代会计评论 Contemporary Accounting Review
第14卷第1辑 Vol.14 No.1
2021年 2021

《当代会计评论》体例格式要求

1. 稿件的首页应该提供以下信息

（1）文章标题；

（2）作者个人信息，包括作者姓名、单位、职称、职务、学位、通信地址、邮政编码、联系电话、传真、E-mail等；

（3）致谢及获得资助申明，置于首页的脚注中。

2. 稿件第2页包含以下信息

（1）文章标题；

（2）不超过200字的摘要；

（3）3～5个关键词。

3. 正文

第一级标题居中，用一、二、三等编号；第二级标题左空两格，用（一）、（二）、（三）等编号；第三级标题左空两格，用1. 、2. 、3. 等编号；其余均以连续数字（1）、（2）、（3）等标注；同一段内连续编号用①、②、③等标注。

示例：

二、基于我国资本市场的欧拉方程检验

……

（三）实证结果及分析

……

3. 稳健性检验

为了进一步检验上述模型在解释……，本文对其做以下稳健性检验。

改变被解释变量的取值。已经过……

改变样本期。

改变……

4. 图和表

分别连续编号，并安插在正文中的相应位置。正文中须与之呼应，如“如表2所示”“如图3所示”等，指示须清楚明白，避免出现“如下表所示”“如下图所示”等语句。

图的序号和标题之间不加标点，只空一格，并置于图下方正中的位置。图例和图的注释置于图形底部。表的序号和标题之间不加标点，只空一格，并置于表格上方正中的位置。表的注释（或说明文字）和资料来源置于表格下方。

5. 公式应以（1）、（2）、（3）等连续编号，编号放置在公式所在行的最右侧。

6. 在正文中参考文献采用“著者+年份”制，即在被引用的著者姓名之后用圆括号标注参考文献的出版年代。如著者姓名和年代在同一个括号内，姓名和年代之间不加标点，空一格。

示例：

徐道一（1983）认为，生物变革时期与太阳系在银河系的运行轨迹可能有一定联系。现代生态学研究的中心是生态系统的结构与功能以及人与生物之间相互作用的关系（马世骏等 1990）。生态学的现代品格是把一个意外的结果变成一个意料中的结果，把一个偶然的事件变成一个当然的事件（Harvey 1969）。

7. 所有参考文献应放置在文章末尾，简要说明如下：

（1）中文部分参考文献在前，英文部分在后，按作者姓名的汉语拼音或英文姓名字母顺序排列。

（2）英文人名一律“姓”全拼在前，“名”缩写在后，名缩写不加缩写点，姓、名中间加空。“姓”首字母大写，其余小写；“名”只写首字母，大写，两缩写名间加空。

示例：

Francis J，Schipper K，Vincent L. 2002. Expanded disclosures and the increased usefulness of earnings announcements. The Accounting Review，77：515-546.

（3）引用多位作者合著的文章时，列前3位作者，加“等（et al.）”。

（4）英文文章题目中，首词和专有名词的首字母大写，其余一律小写。

（5）英文书名和论文集名中实词首字母一律大写，介词和连词为小写，但首词和四个字母以上的介词首字母应大写。

（6）每条文献中各项必须齐全，并要特别注意以下容易忽略的项目：论文集编者姓名、论文集书名、专著和论文集的出版城市及出版社、起止页码等。

格式示例：

专著

作者. 出版年. 书名（包括副书名）. 版本（第一版应略去）.出版地：出版者：页码.

作者. 出版年. 文章名. 见：原出版物责任者. 原出版物名. 版本（第一版应略去）. 出版地：出版者：页码.

如果是译文，则应在文献名后加上译者姓名。如：

黑姆斯等. 2000. 生物化学. 王镜岩等译. 北京：科学出版社：365.

论文集

作者. 出版年. 文章名. 论文集编者（其前加“//”）. 论文集名. 出版地：出版者：文章的起讫页码.

刊物

作者. 出版年. 文章名. 刊物名称，卷（期，部分）：文章的起讫页码.

报纸

作者. 年　月　日. 文章名. 报纸名称，(版面第次）.

具体示例：

葛家澍. 2007. 关于在财务会计中采用公允价值的探讨. 会计研究，(3)：3-8.

李志文，姚正春，朴军. 2007. 中国股市的ROE代表什么？中国会计评论，5(3)：305-314.

张国清，赵景文. 2008. 资产负债项目可靠性、盈余持续性及其市场反应. 会计研究，(3)：

51-57.
Francis J, Schipper K, Vincent L. 2002. Expanded disclosures and the increased usefulness of earnings announcements. The Accounting Review, 77: 515-546.
Street D L, Gray S J, Bryant S M. 1999. Acceptance and observance of International Accounting Standards. The International Journal of Accounting, 34 (1): 11-48.